YOUPIAO DONGWUYUAN

邮票动物园

著者/孙小礼 齐 欣 朱效民

四川科学技术出版社

图书在版编目（CIP）数据

邮票动物园 / 孙小礼, 齐欣, 朱效民著. —— 成都：四川
科学技术出版社, 2022.7

ISBN 978-7-5727-0572-4

Ⅰ.①邮… Ⅱ.①孙… ②齐… ③朱… Ⅲ.①邮票 –
世界 – 图集②动物 – 普及读物 Ⅳ.①G262.2-64②Q95-49

中国版本图书馆CIP数据核字(2022)第095226号

邮票动物园

著　者	孙小礼　齐　欣　朱效民

出 品 人	程佳月
责任编辑	肖　伊
封面设计	郑　楠
版式设计	杨璐璐
责任出版	欧晓春
出版发行	四川科学技术出版社
地　　址	四川省成都市锦江区三色路238号新华之星A座
	邮政编码：610023　传真：028-86361756
成品尺寸	168mm × 230mm
印　张	26　字　数　520 千
印　刷	成都市金雅迪彩色印刷有限公司
版　次	2023年1月第1版
印　次	2023年1月第1次印刷
定　价	128.00元

ISBN 978-7-5727-0572-4

增订版前言

《邮票动物园》一书于 2008 年由上海科技教育出版社出版，受到许多读者的赞赏。著名动物学家郑光美院士在评论此书时说道：邮票是人们认识世界的一个途径。著名美学家杨辛说：这是一本使人产生美感、吸引人仔细欣赏的书。有些小学生对此书爱不释手，中老年人读此书也觉得很有趣味，很长知识。有邮友说，编著邮集出版是让公众共赏自己珍藏邮票的一种好方式。但我总想把这个"纸面的动物园"办得更加充实和完美。最近当潘涛告诉我四川科学技术出版社要出版《邮票动物园》一书时，我高兴极了，终于可以实现我的愿望了。遗憾的是我的眼睛带着老花镜拿着放大镜也看不清楚邮票了，我只好求助于我的女儿工明和年轻朋友魏凝，她们很感兴趣，辛苦地做了如下工作：

第一，增加了邮票数量，由 1 781 枚增加到 2 286 枚。

第二，对所有邮票都注明了发行年代，弥补了原版的一大不足，这对 18 世纪及 19 世纪上半叶的老邮票更有意义 [确定邮票发行年代的依据是《斯科特标准邮票目录》（ *Scott Standard Postage Stamp Catalogue* ）]。这是工作量很大也很难的事情。首先，本书所收邮票纵横跨度大，纵向时间跨度是从 1859 年纽芬兰发行的河狸邮票到 2022 年中国发行的生肖虎邮票，长达 163 年，其中 100 年前的邮票有 158 枚；按照目前的国家和地区统计，横向的国家跨度达到 131 个。在一百多年的历史中许多国家经历了曲折的变迁，有的国家国名也随之有所更动，这为按照国家来查找邮票发行年代增加了很大难度，需要去了解有关国家的历史，按照历史线索去查找。其次，许多邮票我没能集齐全套，而《斯科特标准邮票目录》并不把全套邮票刊印出来，这就不能完全按照邮票票面图案进行查找，还需要细心地通过目录中的文字说明去查找。

第三，补充了少量对邮票的说明，如有的老邮票是某类动物的第一枚邮票，就增加了相应的说明。在本书收录的邮票中包含有6种动物（鳄鱼、袋鼠、猩猩、狗、猪、长颈鹿）的世界首枚发行邮票。有的新增邮票是中国古代和现代绘画作品，也作了简要说明，还对麋鹿保护情况作了文字补充等。

第四，调整了附录，原书把带有主题的小版张邮票和十二生肖邮票放在附录中，这次增加了大量内容，故将这些邮票从附录中提取出来，单独分为"主题套票"和"十二生肖"两个部分，放在各类别动物之后。

第五，为提升邮票印刷质量，将所有邮票进行高分辨率扫描，并力争保持邮票的原尺寸；但受版面限制，也还有部份邮票做了缩放处理。

自1840年邮票发行以来，邮票设计的题材越来越广泛，印刷技术不断出新，许多国家的邮票形成了独特风格。目前专题集邮已成为普遍的集邮方式，在众多的专题邮票中，以动物专题邮票的品种与数量最多，可以说动物邮票是世界邮票的第一大专题。世界第一枚动物邮票是加拿大1851年发行的海狸鼠邮票，很遗憾我没能收集到这枚邮票。

随着人类活动对生物物种和自然环境的影响，人们越来越深刻地认识到生物多样性的重要性和保护野生动物的迫切性，采取了许多行动挽救濒危动物、保护野生动物。细心的读者可以发现不少邮票上都有一个熊猫徽，这个熊猫徽是世界自然基金会（World Wild Fund for Nature，简称WWF，成立于1961年5月）的组织徽志，1969年熊猫徽第一次被搬上邮票，从1983年开始，只有得到WWF组织授权并确保邮票上的动物在发行国家或地区处于濒危状态，才可发行熊猫徽邮票，并要向WWF组织无偿提供一部分邮票，所卖款项用于各国野生动物保护事业。

邮票是国家的名片，通过联合发行邮票可增强国与国的交往，我国已经发行了50多套中外联合发行邮票。动物邮票是联合发行邮票的主要题材之一，本书收录了中国与美国、澳大利亚、瑞典、俄罗斯、加拿大等国联合发行的动物邮票，这种邮票对于加深各国人民之间的友谊，保护野生动物都会有积极的影响。

2013年，我委托郑淑蕙在美国替我购买当年出版的《斯科特标准邮票目录》，除了2008年《邮票动物园》首次出版时我提到的朋友之外，华中慰、刘晓力等朋友也送我动物邮票，四川科学技术出版社的领导给予了大力支持，肖伊及相关编辑人员为这次《邮票动物园》的增订版出版付出了认真负责的辛勤劳动……在此我一并表示衷心的感谢！还要特别感谢潘涛多年来对出版此书的大力推动。

书中难免还会有不少差错和不足，敬请读者予以指正。

孙小礼

2022年2月13日

我虽集邮多年，却从来没有专题集邮意识。20 世纪 80 年代以后，我开始注意收集动物方面的邮票，但也只是泛泛收集，没有什么目标，更没有多少时间和精力去搜寻，信手得来，满足一点个人乐趣而已。

随着手中动物邮票的日益增多，2003 年我看到《邮票上的数学》*一书时，很受启发，萌生了一个念头：仿效此书，编一本《邮票动物园》（文字说明在左，右接该类动物邮票）。我把这一想法透露出来后，意外地得到许多朋友的热情鼓励。但"心有余而力不足"，苦于自己缺乏动物知识而难以起步。

2005 年秋，我邀齐欣、朱效民两位年轻朋友与我合作。他们看到我初步选出的几十类动物邮票，很赞赏，并认为：借助于邮票传播动物常识，是个很好的创意，可以编写出一本颇有趣味的科普读物。于是，我们当即拟定了计划，立刻投入邮票整理和编写说明等工作中。

从我拥有的动物邮票看，动物的地域分布涵盖了亚洲、欧洲、非洲、大洋洲和美洲，邮票的国别也涵盖了五大洲。我们还非常高兴地看到了一枚希腊于 1896 年为在雅典举办第一届现代奥运会而发行的纪念邮票，画面是古希腊的马车赛（见第 192 页希腊

---

* ［英］罗宾·J.威尔逊.邮票上的数学［M］.李心灿，邹建成，郑权，译.上海：上海科技教育出版社，2002.

邮票），还看到一枚比利时于1920年为在安特卫普举办第七届奥运会而发行的马车赛邮票（见第191页比利时首枚邮票）。这些情况激发我们提出了一个奋斗目标：争取到2008年，出版《邮票动物园》一书，作为对北京奥运会的一份献礼。当然，总的来说，我们的编写宗旨是：为青少年朋友、在职的和退休的广大朋友提供一本知识性、趣味性和休闲性读物。

经过两年半的努力，我们终于按计划在今年5月底完成了《邮票动物园》书稿。一个民办的又是书面的"邮票动物园"即将问世，因其特殊性和局限性，需作以下几点说明。

第一，关于邮票动物的分类。为版面的丰满考虑，对于同一类动物，我攒有5枚以上邮票的才构成《邮票动物园》的一个单元，这样就有部分动物物种缺失。又由于对部分邮票一时难以准确判定其动物物种，所以我们未注明每枚邮票的具体动物名称，也未做细致地分类。例如，对于鸟类，除明确认清的几种外，其余就根据其主要特征分别归入游禽、涉禽、攀禽、鸣禽等几个大的生态类型中。这样，全书共设立了64个单元。各单元从动物类别看有小有大，小如"七星瓢虫"这样一个物种，大如"硬骨鱼类"这样一个分类类群；邮票数量也有少有多，像螳螂只有5枚，而鸣禽多达100枚。

第二，关于本书的目录编排。为体现动物的进化过程，我们按照从无脊椎动物到脊椎动物、从低等脊椎动物到高等脊椎动物的顺序排列，也就是从海底无脊椎动物开始，接着是甲壳类、昆虫类，然后到低等脊椎动物的鱼类，再经两栖类、爬行类、鸟类，最后到哺乳类。在哺乳类中，动物所在的"目"基本上按照当前国际公认的分类顺序 ** 排列：有袋目、翼手目、灵长目、食肉目、鲸目、长鼻目、奇蹄目、偶蹄目、啮齿目、兔形目。这个顺序主要是根据动物化石在地层出现的早晚和分子系统的远近而定的。灵长类在哺乳动物分类中的位置在 20 世纪末就已排得比较靠前 ***。

第三，本书收入了一些画面上有动物也有人的邮票。这样的邮票，如人骑马、骑骆驼、跳狮子舞……本不属于动物园范畴，但是作为科普读物，把这类邮票放在相关的一类动物邮票之后，既能使人们了解人与动物在历史上曾经有过的密切联系，也能促进人们思考：怎样进一步改善人与动物的相互关系？这也正是人与自然和谐相处的重要一环。

第四，本书有不少用过的旧票。邮票作为邮资付费方式 1840 年诞生于英国以后，陆续通行于世界各国（我国开始于 1878 年）。这是邮票的本职功能或第一功能，盖了邮戳的邮票（盖销票除外）是确认"邮资已付"，证明这枚邮票在人类的通信活动中尽了职、发挥了作用，这一贡献理应为其第二功能——观赏功能——增加权重。从品相上比较，用过的旧票当然不如新票好看，但它们具有新票所缺乏的阅历，犹如老年人额头上的条条皱纹，这是漂亮帅气的年轻人所没有的。在绘画、摄影等艺术展览中，这样的老

＊＊　此顺序以汪松、解焱、王家骏编写的《世界哺乳动物名典》（湖南教育出版社，2001）为依据。该书序言中提及主要参考书 D.Wilson and D.M.Reeder，Mammal Species of the World-A Taxonomic and Geographic Reference. 2nded.，Smithsonian Institution Press，Washinggton and London 1993。此书出版后，国际濒危物种公约（CITES）通过决议，将此书作为该公约的标准分类及学名命名参考书。动物学家汪松等认为，以一个国际公认的分类系统为依据可以避免矛盾。此顺序还可参见许崇任、程红著的《动物生物学》（第 2 版）（高等教育出版社，2008）。

＊＊＊参见：
　　a. 杨安峰编著的《脊椎动物学》（修订本）（北京大学出版社，1992）。
　　b. R.D.Jurd，Animal Biology，BIOS Scientific Publishers Limited，1997，中译本为《动物生物学》，蔡益鹏等译（科学出版社，2000）。

年画像或照片常给人以特别难忘的印象，给人以经历过沧桑岁月的深沉美感。旧票虽然陈旧，却有其特殊的历史价值。何况我所收藏的旧票是逃脱了20世纪一次次浩劫而幸存下来的，我愿趁此机会将它们展示出来。

第五，本书共有145个国家发行的邮票1 700余枚。在每个单元，同一国家的邮票联在一起，邮票的国别按照《世界地图集》的顺序排列：亚洲、欧洲、非洲、大洋洲、北美洲、南美洲。亚洲以中国打头，其余同属于一个洲的各国邮票，大体上依其现代中文译名的汉语拼音首字母顺序排列。

本书所收邮票的时间跨度是从19世纪到21世纪，在这一百多年中，许多国家经历了曲折的历史变迁，国名随之有所更动。我们注明了邮票的当前国名，并在括号内注明该邮票发行时的曾用国名或所属地区名。例如，因为纽芬兰现属加拿大，1880年纽芬兰发行的海豹邮票就注为加拿大（纽芬兰）（见第173页邮票）。另一种情况，因难以注明其当代国名，就仍注发行时的国名。

第六，本书在文字和邮票的配合方面尚有一些不足，有些文字中的内容很有意思，虽然并无合适的邮票相对应，但我们没有舍弃；有些邮票上的动物并没有对应的文字说明，我们也未对这些邮票加以"割爱"。为了图片的清晰和版面的美观，还对一些邮票做了缩放处理。一些连印邮票和十二生肖邮票，放入附录中供读者欣赏。

几年来，我得到陈坤、陈宝辰、曾庆霄、贺慕严、陈守良、秦克诚、郭道晖、张小萍、郑幼云、马惠娣、陈印、高健刚等朋友们的种种支持和帮助；弓鸿午、朱耀垠、潘涛、刘晓君、张立、嘎日达、朱效民等年轻朋友常为我购来动物邮票，书中的现代澳大利亚邮票是悉尼的 Werner 和 Lily 夫妇提供的；赵珩先生为我的邮票鉴别真伪，剔除了假的和可疑的邮票，还帮我查核了部分老邮票的发行年代；魏凝女士——查核邮票的国别，制作了国家（地区）名中英对照表（附本书末）并做了全部邮票的图片扫描工作；朱祖威先生对于如何标注邮票国名给予我很好的指点；上海科技教育出版社的领导给予了大力支持，侯慧菊及相关编辑人员为《邮票动物园》的出版付出了认真负责的辛勤劳动。我向以上提到的以及没有提到的（包括我的家人）所有给予我热心帮助的人们表示深切的谢意，尤其要向程红教授致以最衷心的感谢！她在动物分类和目录编排方面给予我多次耐心的指导，并审阅了全部文稿，纠正了许多不确之处。但本书最后是我统稿和定稿，而我学识浅陋，难免还有不少差错和缺陷，敬请读者予以指正。

孙小礼

2008 年 5 月 31 日

目 录

附录 Appendix

邮票是国家的名片。

　　——季米特洛夫（G.Dimitrov,1882—1949,著名国际政治活动家）

邮票也可以是动物的名片。

　　——本书作者

海洋底栖无脊椎动物
marine benthic invertebrates

地球上约四分之三的面积是被海洋覆盖着的。

海洋是生命的摇篮，从第一个有生命的细胞诞生至今，有20多万种生物生活在海洋中，其中海洋植物约10万种，海洋动物约16万种。从低等植物到高等植物，从食植动物到食肉动物，加上海洋微生物，构成了一个特殊的海洋生态系统，蕴藏着巨大的生物资源。就其动物资源来说，海洋中有2万多种甲壳动物，8万多种软体动物，1.5万～2万种鱼类，还有各种海洋哺乳动物……它们构成了丰富多彩、生机盎然的海洋世界。

无脊椎动物是比较低等的动物类群，与脊椎动物相比，最明显的形态特征是没有脊椎骨。按照动物的进化顺序，无脊椎动物包括原生动物、海绵动物、腔肠动物、扁形动物、假体腔动物、软体动物、环节动物、节肢动物、触手冠动物、棘皮动物等。这里列出的10类动物，除触手冠动物包括3个门外，其他每一类为一个门，每门又分为若干纲，因此无论从种类上还是从数量上看，无脊椎动物都是十分庞大的类群，其中的节肢动物是动物界中种类最多的一个动物门，从5 500米深的海底到6 000米高的高山均有分布。目前已知现存的节肢动物超过100万种，约占动物界总种数的84%。比较常见的有虾、蟹等水生的节肢动物，也有适应陆地生活的昆虫类节肢动物。

虽然在海洋、江河、湖泊、池沼及陆地上都有无脊椎动物的踪迹，然而它们大多数生活在海洋中，有些种类全部是海洋底栖无脊椎动物（maring benthic invertebrates）。

海绵动物作为极其原始的多细胞动物，绝大多数生活在海洋里，在赤道至两极不同深度的海洋中均有分布。它们附着在植物或有贝壳的动物身上生活。海绵动物的再生殖能力很强，把海绵切成小块放入海水中，可以重新生长成为海绵个体。

现存的腔肠动物有11 000余种，也绝大多数生活在海洋中，水母、水螅、珊瑚等为其代表。水母适应于漂浮生活，如人们常食用的海蜇。水螅、珊瑚等附着在坚硬的支持物上，适应于固着生活。在海水常年平均温度不低于20摄氏度、水深不超过60米的环境中，腔肠动物的骨骼——如石珊瑚的石灰质骨骼——不断地在海洋中堆积，经过漫长的历史年代，逐渐形成了珊瑚礁或

中国（1992 年）

阿曼（1982 年）

中国（香港）（2008 年）

朝鲜（1994 年）

珊瑚岛。

　　线虫是假体腔动物中数量最多的一类，约有 15 000 种，大多生活在海洋中，有些生活在海洋底部的泥沙中。

　　软体动物虽然已有可能在陆地上生存，但它们仍然主要生活在海洋中。目前已经有记录的软体动物有 13 万余种，是动物界中种类仅次于节肢动物的第二大类群，包括人们所熟悉的各种海螺、贝类和章鱼、乌贼（墨鱼）、海蜗牛等，遍布于全球各个海区。鲍鱼、扇贝、蛏子、牡蛎、乌贼、章鱼、鱿鱼等味道鲜美、营养丰富，人们早已开始捕捞它们。它们除可作为食物外，有的还可以入药，有的具有观赏价值，如有些贝类就是贝雕艺术的优良材料。大王乌贼是海底世界里最大的软体动物，19 世纪末叶曾有这样的记载：身长为 3 米，触腕长达 15 米，眼睛直径达 30 厘米。这种乌贼有可能是所有无脊椎动物中体积最大的动物。

　　触手冠动物共有 3 个门，除苔藓动物门的少数为淡水动物外，其余全部生活在海洋中。帚虫动物门全是海洋底栖动物。

　　棘皮动物现存约 6 000 种，全部是海洋底栖动物，常见的有海参、海星、海胆、海蛇尾等。海参生活在浅海海底，其中大多数种类能食用，营养价值很高，有"海中人参"之称。海星通常有 5 个腕，也有的超过 5 个，有的甚至多达 40 个腕。它们的体形大小不一——小到 2.5 厘米，大到 90 厘米——体色则有黄、红、紫、青等多种。海星是食肉动物，是海洋食物链中不可缺少的一个环节。全世界有大约 1 600 种海星分布于从潮间带到海底的广阔领域。

　　世界各国的大型动物园里、迪士尼游乐园和博物馆里大都设有海洋馆，在其中的海底世界，数不清的五彩缤纷的底栖动物、多姿多态游动着的鱼类组成了一道道斑斓绚丽的美景，使人们啧啧赞叹，驻足难离（参见第 3 页、第 5 页、第 6 页、第 7 页、第 8 页及第 9 页上的诸邮票）。

한줄달팽이

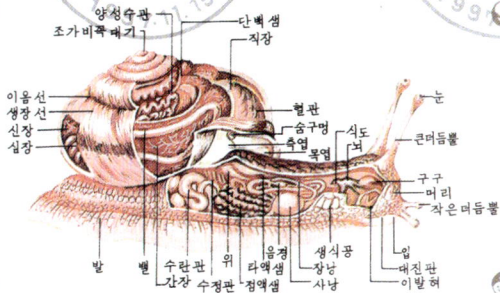

DPR KOREA

朝鲜（2000 年）

朝鲜（2002 年）

日本（1984—1989 年）

新加坡（1977 年）

俄罗斯（曾用国名苏联）（1991 年）

刚果民主共和国
（曾用国名扎伊尔）
（1979 年）

吉布提（1989 年）

肯尼亚（1977 年）

圣多美和普林西比（1996 年）

Creatures of the Slime

AUSTRALIA 50c

AUSTRALIA 50c

$1 AUSTRALIA

AUSTRALIA 50c

AUSTRALIA 50c

AUSTRALIA 50c

澳大利亚（2005 年）

巴布亚新几内亚（1968 年）

新西兰（1978 年）

古巴（1973 年）

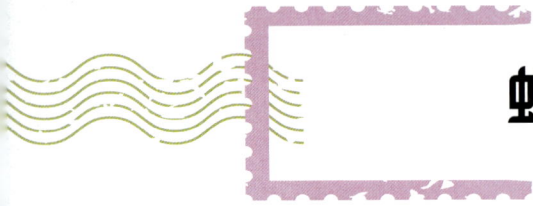

虾
shrimp

虾（shrimp）属无脊椎动物的节肢动物门甲壳纲。

虾类身体侧扁，呈半透明状，而且富有弹性，在水中生活。如果遭遇敌人袭击，其腹部立即强烈屈曲，迅速向后弹跳逃走。虾胸部发达，有利于长途洄游；触角细长，约相当于体长的 2 倍，用来感知周围的水体情况；尾足宽大适于游泳，并与尾节合成尾扇，既可用来控制身体的平衡，也可以反弹后退。虾是杂食性的，以水底小型动物、动物尸体、植物或有机物碎屑为食，食物缺乏时会自相残食，刚蜕皮的个体往往是被食对象。

我国海域宽广、江河湖泊众多，盛产海虾和淡水虾。海虾有对虾、明虾、基围虾、琵琶虾、龙虾等；淡水虾有青虾、河虾、草虾、小龙虾等；还有半咸水虾，如白虾等。

对虾是我国特产，因个头大、常成对出售而得名。对虾生活在暖海里，夏、秋两季在渤海湾生长繁殖，冬季长途迁徙至黄海南部海底避寒；冬季活动能力很差，也不捕食。每年 3 月，分散在各地的对虾开始集中，成群结队地向北方洄游；经两个月到达渤海近岸浅海开始繁殖。雌虾经过长途洄游已疲惫不堪，产完卵后大部分会死去，只有体力较强的才能继续生存。刚孵出的小虾身体结构要发生很多变化，需经过 20 多次蜕皮才长为成虾。雄虾当年成熟，雌虾第二年成熟。我国水产科技工作者于 1970 年末突破了对虾的人工育苗技术，解决了人工养殖对虾的苗种问题，目前我国沿海北自辽宁丹东，南至海南岛均开展了对虾养殖，年产量约 20 万吨，大大超过自然海域的捕捞量。

龙虾在虾类中体形最大，俗称虾王。它们头胸部粗大，外壳坚硬，腹部短小，一般重 0.5 千克上下，最重的有 5 千克以上，又被人们称为龙虾虎。龙虾分布于世界各大洲，品种繁多，一般栖息于温暖海洋的近海海底或岸边。中国有 8 种以上龙虾。

人们一直都认为龙虾是低等无脊椎动物，将它们放入沸水里煮时它们不会感觉疼痛；但科学家们的研究已经证实，虽然龙虾没有如脊椎动物般发达的大脑，但是有遍布全身的神经节，也可以感受疼痛。

虾类肉质含有丰富的蛋白质——据分析，虾的可食部分中蛋白质占16% ～ 20%——同时含有钙、磷、铁等矿物质，营养价值很高。特别是海虾中含有三种重要的脂肪酸，可以为人类的大脑提供营养，使人长时间保持精力集中。海虾还富含碘质，对人类的健康极有裨益。

中国（1980 年）

中国（1992 年）

韩国（1996—1998 年）

越南（1991 年）

尼加拉瓜（1989 年）

蟹
crab

蟹（crab）是无脊椎动物甲壳纲十足目异尾亚目、短尾亚目动物的俗称，是一个十分庞大的家族。

蟹的身体由头部、胸部和腹部构成，头部常与胸部接合成头胸部；腹部退化卷折于头胸部下面，称为脐——雄蟹脐尖，雌蟹脐圆；肠道较短，有"无肠公子"之称。蟹体外覆盖具有保护作用的硬壳，壳不会随着蟹身体的成长而扩大，而是相隔一段时间，旧壳蜕去后蟹的身体才会继续长大。有一些动物我们也称其为蟹，如寄居蟹、椰子蟹等，但其实它们并不属于真正的蟹类。

蟹大多生活在海洋中，少数生活在河流、湖泊中，还有一些生活在陆地上潮湿的洞穴中，但繁殖时仍要迁移下水。蟹用鳃呼吸，它们的鳃有类似肺的功能，这就使它们不会像大多数鱼那样离开水就会马上死去。

蟹胸部有五对附属肢，称为胸足。位于前方的一对胸足上长有强壮的螯，可用来捕食和御敌；其余的四对胸足就是蟹的脚，用来行走移动，称为步足。步足的关节只能左右移动，所以只能靠一侧步足侧向推进，另一侧步足趴地而横行了。因为它们行走的模样独特——大多横行——故被称为"横行介士"。但和尚蟹是个例外，它们能直着行走。有的蟹类长着扁平的像桨一样的附肢，可以用来游泳。别看蟹在岸上行动笨拙，下水游泳起来还很灵巧呢。

蟹通常为杂食动物，仗着它那一对大钳子（螯），喜欢从别的动物那里抢食。小鱼虾是它们的最爱；少数蟹是素食者，以藻类为食；有些蟹吃动物的尸体和粪便，成为海滩上的"清洁工"。蟹也有可能被其他动物吃掉，它们是生活在沿海地带的丹顶鹤等鹤类越冬期主要的食物来源之一。有些鱼类则喜欢吃蟹脚。未成年的幼蟹在海中成群浮游时，也可能会被其他海洋生物吞食。

蟹是产卵繁殖，母蟹每次产卵的数量可达数百万粒以上。卵在母蟹腹部孵化后，幼体即可脱离母体随着沿岸潮流浮游。幼体呈透明的圆状，而且没有腿，跟成年蟹差异很大。经过几次蜕壳后长成大眼幼虫，大眼幼虫再经几次蜕壳长成幼蟹，之后再经过几次蜕壳后才变为成蟹。

蟹具有很高的经济价值，肉质细嫩，以滋味鲜美、营养丰富而著称于世。蟹还是一味治病的良药，临床上可用来治疗跌打损伤。此外，蟹壳可用以提炼工业原料甲壳素，还可提制葡糖胺；蟹幼体或成体均可作饵料及饲料。

朝鲜（1990 年）

科特迪瓦（曾用国名象牙海岸）
（1971—1972 年）

澳大利亚（1963—1965 年）

澳大利亚（1973—1984 年）

澳大利亚（圣诞岛）（1985 年）

澳大利亚（科科斯群岛）（2000 年）

蜻蜓
dragonfly

　　蜻蜓（dragonfly）属无脊椎动物昆虫纲蜻蜓目，是非均翅亚目昆虫的统称，其前后翅有所不同。

　　蜻蜓分布于全世界，尤以热带地区为多，已知约5 000种，中国有300多种。

　　蜻蜓的头大而且转动灵活；腹部细长；两对修长的大翅膀是其最明显的特征，且呈膜质透明状，网状翅脉极为清晰。

　　蜻蜓的视觉灵敏，有一对异常发达的大复眼，几乎占了整个头部的一半。每一只大复眼由1万～3万个小眼睛构成，数量是一般昆虫复眼中小眼睛数的10倍。蜻蜓眼睛的构造很特殊，复眼上半部分的眼睛专门看远处；下半部分的眼睛专门看近处。老年人用的"双光眼镜"（眼镜片的上半部分适用于近视眼，下半部分适用于老花眼）与其类似。

　　蜻蜓捕捉食物的方法与别的昆虫大不相同。蜻蜓脚上生有无数细小而锐利的尖刺，当它在空中飞翔且遇到前方有食物可捕时，就立刻把6只脚向前方伸张开，就像步兵准备冲锋时给步枪上刺刀一样。然后它们会朝着食物——飞翔的小虫加速猛冲，一旦碰到小虫时，6只脚立即合拢形成一只"小笼子"，小虫便被困到"笼子"里，然后蜻蜓就开始逍遥自在地享用美食了。

　　蜻蜓是昆虫世界中出色的"飞行家"。当它们做急促的冲刺飞行时，速度可达每秒10～40米。它们飞行时既可突然回转，又可直入云霄，有时还可以后退飞行，可以在空中短暂悬停，并能连续飞行1小时不着陆。蜻蜓的两对翅膀能分别动作，如果想飞得慢一点的话，就先拍第一对翅膀，再拍第二对翅膀；如果想飞得快，就两对翅膀同时动作。休息时双翅平展两侧，或直立于背上。蜻蜓在下雨前总是喜欢低空往返飞行，雌雄交尾也在空中飞行时进行。

　　蜻蜓生活在潮湿地区，如河边、湖畔、池塘甚至是水坑附近，因为蜻蜓繁殖的重要媒介是水，卵产于水中，卵的孵化、成长也在水中进行。人们常看到蜻蜓点水，实际上是它们在产卵。多数雌蜻蜓在产卵时单独在水面上飞行，一次次把尾部插入水中，产下一些卵后立即又飞起来。这样连续的产卵动作看起来就好像是蜻蜓在不断地点水。

中国（1992 年）

柬埔寨（1988 年）

泰国（1989 年）

蜻蜓的一生可分为卵、幼虫、成虫3个阶段，属于不完全变态（半变态）昆虫。其生命旅程中的很长时间是以幼虫形态度过的，一般短的要1～3年，长的要3～5年才能完全成熟；幼虫经过10次以上的蜕皮，然后才能爬出水面变为成虫。

蜻蜓是益虫。蜻蜓的幼虫在水中能消灭孑孓等，成虫能捕食蚊、蝇等；蜻蜓的食量大，1只蜻蜓1小时能吃几十只苍蝇或数百只蚊子。

新加坡（1985 年）

越南（1977 年）

德国（1991 年）

澳大利亚（1999 年）

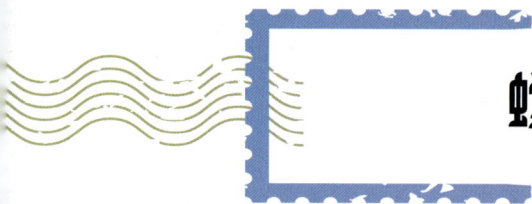

螳螂
mantis

螳螂 (mantis) 是螳螂目昆虫的统称，除极寒冷的地带外，广布于世界各地。

螳螂的长相十分怪异。长长的颈部上面顶着一个能做 180 度旋转的三角形的头，头顶上生有一对呈丝状的多节触角，还长着一对由上百个单眼组成的复眼，巨大而突出；胸部长有 2 对翅膀、3 对足，前胸特别长，占躯体长度的一半，前足上有锐利的锯齿，像一把镰刀，称捕捉足，是其捕捉猎物的主要武器。螳螂是肉食性昆虫，取食范围广泛，在农林区捕食害虫，是多种害虫的天敌。

螳螂身穿"伪装服"隐藏在草丛中，能观察到四面八方的猎物和敌情。当小飞虫急速运动时，其影像就在螳螂复眼中急速地从一个小眼到达另一个小眼，螳螂眼睛看到的小虫运动不是连续的，而是一个个单镜头组成的"电影胶片"；因此，螳螂不但能看清小虫，还能感受到小虫飞行的快慢。科学家认为，它们的眼睛是一种高超的速度仪，能计算小虫的飞行速度。据此人们发明了一种复眼速度仪，用于测量高射炮弹、导弹、飞机的飞行速度。

螳螂是神秘的"刺客"，其捕猎动作令人瞠目。当飞舞的昆虫来到螳螂眼前时，它的复眼和颈部的本体感受器会立即把昆虫的形状、大小、飞行速度和方向报告给大脑指挥部，大脑接收到信息后便迅速发出捕捉命令。于是，螳螂悄悄地斜张开翅膀，四只脚慢慢地移动，到离昆虫不远的地方时，用大刀般的前足猛地向昆虫飞行的方向发出狠狠一击，以迅雷不及掩耳之势将昆虫（如蜻蜓）活捉，获得一顿美餐（见第 19 页澳大利亚邮票）。不过，螳螂捕食时只专注于前面的猎物，却往往忽略了身后的危险——它们捕捉昆虫时也常常暴露了自己，成为鸟类捕食的对象。这就是所谓"螳螂捕蝉，黄雀在后"。

在食物缺少的情况下，螳螂会自相残杀，大螳螂吃掉小螳螂。尤其令人惊异的是，当雌雄螳螂交配时，体形较大的雌螳螂会把"丈夫"当作食物吃掉！这可能是因为雌螳螂在交尾、繁殖、产卵的过程中消耗了大量的体能，为了繁衍后代，雄螳螂就只好"以身殉情"了。

螳螂为不完全变态（渐变态）昆虫。螳螂交尾后 2 天，雌性一般头朝下将卵产在树枝表面。产卵前它先从腹部排出泡沫状物质，然后再顺次产卵，泡沫状物质很快凝固，形成坚硬的卵鞘。次年初夏，从卵鞘中孵化出数百只若虫。若虫蜕皮数次发育为成虫。

螳螂是勇猛的象征。中国武术中专门有模仿螳螂动作的拳术，就叫作螳螂拳。

中国（1992 年）

朝鲜（1990 年）

尼日尔（1987 年）

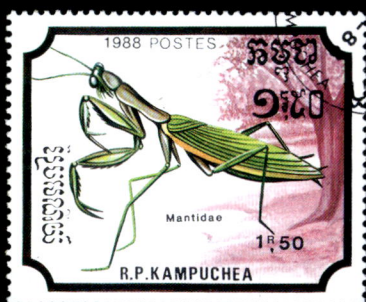
柬埔寨（1988 年）

澳大利亚（2003 年）

七星瓢虫

seven-punted lady beetle

七星瓢虫(seven-punted lady beetle)属昆虫纲鞘翅目瓢虫科，是肉食性昆虫，俗称花大姐。

七星瓢虫体长不足7毫米，在昆虫中算是小不点儿了。身体呈卵圆形，背部拱起似葫芦瓢。头黑色，复眼黑色，内侧凹入处各有1个淡黄色点。2条短触角栗褐色，口器黑色，上额外侧为黄色。前胸黑色，足黑色，密生细毛；鞘翅红色或橙黄色，每片鞘翅上各有3个黑点，另1个黑点被鞘缝分割成每边一半，共有7个黑点，所以叫七星瓢虫。七星瓢虫的斑纹也有变异，7个黑色斑点可变大，甚至相连，或鞘翅全黑，变化达20余种。七星瓢虫是典型的完全变态的昆虫，一生经过卵、幼虫、蛹和成虫4个虫态。成虫寿命平均为77天。

七星瓢虫是植物的忠诚卫士，著名的捕虫能手，以捕食蚜虫、粉虱等农业害虫为主。1只七星瓢虫1天可以吃掉数百只蚜虫，在其生命期内可食上万只蚜虫，因此被人们称为"活农药"。目前我国利用七星瓢虫防治棉蚜已取得显著效果。

七星瓢虫的活动场所主要会受食物因素的支配，农田小气候和喷药也是重要的影响因素。冬天，七星瓢虫存在于小麦和油菜的根茎间，或在向阳的土块、土缝中。春天，气温升到10摄氏度以上，七星瓢虫就在麦类和油菜植株上活动。夏天，随着气温升高和食物增多，七星瓢虫大量繁殖，出现在有蚜虫和蚧虫寄生的植物，如棉花、柳树、槐树、榆树、豆类等的植株上。秋天，七星瓢虫数量减少，常在玉米、萝卜和白菜等处产卵，早晚气温较低就隐蔽起来，不易被发现。

七星瓢虫虽然身体只有黄豆那么大，却有很强的自卫能力，许多强敌都对它无可奈何。在它3对细脚的关节上有一种"化学武器"，当遇到敌害侵袭时，其脚关节能分泌出一种极难闻的黄色液体，使敌虫受不了而仓皇逃走。七星瓢虫还有装死的本领，当遇到强敌时，它就立即从植株上掉到地下，把3对细脚收缩在肚子底下，躺下装死，瞒过敌人而求生。

七星瓢虫形象可爱，又是人类的好朋友，其图案常常在衣服、饰品、玩具、杯子、钟表、鼠标等各种物品上出现。

中国（1992 年）

朝鲜（1990 年）

柬埔寨（1988 年）

日本（1992—1994 年）

丹麦（1998 年）

瑞士（1952 年）

澳大利亚（2003 年）

蝴蝶和蛾

butterfly and moth

蝴蝶(butterfly)和蛾(moth)都属无脊椎动物节肢动物门昆虫纲鳞翅目，是鳞翅目的两大类动物。

蝶类头部触角细长，末端膨大呈鼓槌状；腹部细，白天活动。全球有记录的蝴蝶总数约 17 000 种，中国约有 1 300 种。蝴蝶分布广泛，以南美洲亚马孙河流域数量最多，其次是东南亚一带。受到国际保护的种类多分布在东南亚诸国。我国的蝴蝶种类以云南省、海南省、广西壮族自治区最为丰富。

蝴蝶体态窈窕，绚丽多彩，翅膀和身体上有各种花斑，停歇时翅膀竖立于背上。最大的蝴蝶翅展可达 24 厘米，最小的只有 1.6 厘米；翅膀上下两面都密生彩色的鳞片，构成醒目的图案。鳞片是特化的真皮细胞的衍生物，有些本身就是五颜六色的，有些则表面有细微的沟状刻纹，能引起光线的折射，所以有的蝴蝶翅膀会闪光。

蝴蝶是完全变态昆虫，有卵、幼虫、蛹及成虫 4 个时期。卵一般为圆形或椭圆形，表面有蜡质壳，可防止水分蒸发，一端有细孔，是精子进入的通路。不同品种蝴蝶卵的大小差别很大。蝴蝶一般将卵产于幼虫喜食的植物叶面上，为幼虫准备好食物。幼虫的外表和习性与成虫不同，幼虫几乎是不停地吃，以储存足够的养分以供发育，这期间其体重可增加 300 倍。大部分的蝴蝶幼虫都是吃植物的叶子，但只吃一两种，而一些比较低等的蝴蝶幼虫不吃叶子，比如小灰蝶的幼虫吃植物的花蕾或花瓣，长大一点还会爬到蚁巢内寻找蚂蚁幼虫当食物。蝴蝶的幼虫形状多样，有肉虫，也有毛虫。幼虫生长要经过几次蜕皮。

蝴蝶幼虫对农作物有危害，不过大多数蝶类幼虫取食的并不是人们栽培的主要经济作物，或者由于它们的数量不多，不足以成灾，所以并不被列为害虫。也有少数种类，如菜粉蝶，就是甘蓝、白菜、萝卜和油菜等十字花科植物的主要害虫。

蝴蝶幼虫不作茧，老熟后变为蛹。幼虫一般在植物叶子背面隐蔽的地方用几条丝将自己固定住，然后逐渐变硬成为一个蛹，蛹为裸露的。蛹的形态和色彩千变万化，圆筒形、纺锤形较多。蛹虽看上去不食不动，但实际上在蛹的内部发生着很大的变化，其体内翅芽翻转至体外发育为成虫的翅，至发育完成才羽化为成虫。

中国（1963年）

　　蝴蝶各生长时期的长短因种类、温度和气候而改变。热带有的蝴蝶种类卵期约3天，幼虫期约8天，蛹期约7天，共18天完成羽化；有的种类则需要夏眠，以避开夏季的不良环境。温带地区的蝴蝶有些生长较迅速的种类约需8周，有的则需1年时间才能完成生活史，其中有些种类在冬季低温时还需要冬眠。

　　蝴蝶成虫从蛹中破壳钻出后需要一定时间使翅膀干燥变硬，这时的蝴蝶无法躲避天敌。当其翅膀舒展开后，蝴蝶就可以飞翔了，蝴蝶的前后翅能不同步扇动，因此蝴蝶飞翔时波动很大，姿势优美，即所谓"翩翩起舞"。蝴蝶除了喜欢采花蜜之外，还喜欢吸食露水或树汁，有些蝴蝶喜欢吃野生水果，还有一小部分蝴蝶喜爱动物的粪便、尸体、尿液等。

　　雄蝶由蛹羽化出来时并没有生殖能力，需要晒一晒太阳，汲取足够的花蜜，逐渐性成熟之后才开始寻找伴侣。这时候，花丛间不难看到雄蝶争奇斗艳，以曼妙的舞姿讨雌蝶欢心。交尾完毕后，为了确保种族的延续性，雄蝶会用自己分泌的黏液封锁住雌蝶的生殖孔，使雌蝶再也不能和第二只雄蝶进行交尾；而离开雌蝶后，雄蝶便又飞去找第二只雌蝶了。蝴蝶成虫交尾产卵后，一般在冬季到来之前死亡，但有的品种会迁徙到南方过冬，迁徙的蝴蝶群非常壮观。目前比较著名的蝴蝶越冬地点是美洲的墨西哥和中国的云南。

　　蝴蝶在每一成长时期都会有部分死亡，有些遭受捕食性天敌捕食或寄生性天敌寄生而死，有的因疾病或其他遭遇而死。若没有遭受到任何天敌的迫害，一对热带蝴蝶一季可生育数百万只蝴蝶。在一般的平衡生态系中，一对蝴蝶平均仅生育2只成熟的蝴蝶后代。

　　蝴蝶艳丽多姿、体态轻盈。它飞舞于花丛间，在探花吸蜜的过程中，既帮助植物传花授粉，又把大自然点缀得更加绚丽多彩。人们喜爱它、赞赏它、迷恋它，将之誉为"虫国的佳丽""会飞的花朵""有生命的灿烂图画"，它已经成为美丽、和平、幸福的象征！

　　古往今来，蝴蝶是文人墨客吟诗作画、艺术创作的绝好题材。最耳熟能详的当属梁山伯和祝英台化为一双蝴蝶的故事，以及由此衍生出各种题材的文艺作品，如戏曲、小提琴协奏曲《梁祝》等。蝴蝶是美好生活的征兆，在我国彝族、苗族、白族、傣族、景颇族和阿昌族等民族服饰中，蝴蝶图案几乎无处不在。近年来，蝴蝶在商品经济中也显现出越来越高的价值和地位，蝴蝶馆、蝴蝶公园、蝴蝶养殖、蝴蝶画以及相关的工艺美术加工产业等应运而生。

朝鲜（1989 年）

朝鲜（1991 年）

朝鲜（2000 年）

蛾的种类特别丰富，占鳞翅目总种数的 90% 以上。蛾与蝴蝶的形状很相似，主要区别在于蛾的触角形状多样，但绝不呈鼓槌状，腹部粗大，在黎明、薄暮或夜间活动，生活史与蝴蝶相同，但幼虫作茧化蛹。蛾的两对翅分展左右或向后平置，叠在腹部背面。不少蛾类的幼虫是主要的农业害虫，如黏虫和棉铃虫，但也有少数益虫，如家蚕。

马来西亚（1970 年）

马来西亚（沙捞越）（1971 年）

马来西亚（雪兰莪）（1971 年）　　　马来西亚（槟榔屿）（1971 年）

日本（1980 年）　　　日本（1995—1998 年）

叙利亚（1979 年）

约旦（1992 年）

越南（1989 年）

波兰（1991 年）

德国（1962 年）

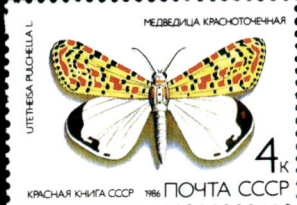

俄罗斯（曾用国名苏联）(1986 年)

俄罗斯（曾用国名苏联）(1987 年)

荷兰 (1993 年)

瑞典 (1999 年)

匈牙利 (1984 年)

吉布提（1989 年）

肯尼亚（1988—1990 年）

莱索托（1991 年）

马拉维（1984 年）

莫桑比克（1953 年）

纳米比亚（1993 年）

南非（2000 年）

坦桑尼亚（1973 年）

澳大利亚（1998 年）

澳大利亚（1983 年）

澳大利亚（1997 年）

澳大利亚（2003 年）

澳大利亚（2003 年）

澳大利亚（2004 年）

巴布亚新几内亚（1994 年）

新西兰（1991—2008 年）

美国（1977 年）

蜜蜂

bee

蜜蜂 (bee) 属昆虫纲膜翅目蜜蜂科。

蜜蜂体长 8～20 毫米，黄褐色或黑褐色，生有密毛。头与胸几乎同样宽。触角膝状，复眼椭圆形，有毛，口器嚼吸式，后足为采粉足。两对膜质翅中前翅大、后翅小，前后翅以翅钩列连锁。腹部近椭圆形，体毛较胸部为少，腹部末端有螫针。蜜蜂属完全变态的昆虫，一生要经过卵、幼虫、蛹和成虫 4 个虫态。

古生物学研究证实，5 000 万年前，蜜蜂就已经在地球上生活。在公元前 7000 年的中石器时代，人类就留下了攀藤采蜜的图画，描绘了当时的人们采集野生蜜蜂的蜂蜜、幼虫、蜂蛹以供食用的情景。

蜜蜂勤劳，总在不停地寻找花朵，采集花粉，酿造蜂蜜。工蜂是采集花粉的能手，它们用口器吸取花粉，或者用前足、中足将花粉刷到后足的花粉篮中。花粉运回蜂巢中经过蜜蜂的蜜胃酿造 100 多次才能成为蜂蜜。有人计算过，蜜蜂酿成 1 千克蜜，需要采集几百万朵花，往返飞行 45 万千米，相当于绕地球赤道 11 圈，而蜜蜂本身只消耗185 克蜜。

蜜蜂会跳舞。大批工蜂出巢采蜜前先派出"侦察蜂"去寻找蜜源。"侦察蜂"找到目标后飞回蜂房上空，以舞蹈的形式通知其他蜜蜂蜜源的方向、距离和数量。如果跳圆圈舞，表示蜜源就在蜂巢附近；表演"8"字舞，就是蜜源离巢较远；如果跳舞的蜜蜂朝正上方摇摆身体，表示蜜源在朝太阳的正前方；如果它朝左方摇摆身体，则蜜源在朝太阳的左边方向；如果朝右边摇摆身体，则蜜源在朝太阳的右边方向。"侦察蜂"边跳舞边不断振动翅膀，发出不同频率的"嗡嗡"声，以补充"舞蹈语言"的不足，周围的工蜂则伸出头上的触角，争先恐后地与舞蹈者的身体碰撞，从它那里获得信息。

蜜蜂是社会性昆虫，过着母系氏族生活。一群蜜蜂有几千到几万只，其中蜂王是一只体形最大的雌蜂，雄蜂有数百只，其余是体形较小的工蜂。工蜂是没有生殖能力的雌蜂。蜂王专职产卵，每天可产下一两千颗卵，平均约 1

中国（1993 年）

朝鲜（1979 年）

分钟产1颗卵，一生可产下15万～20万颗卵，像一台产卵机器。蜂王产下的受精卵发育成工蜂；未受精卵发育成雄蜂。雄蜂的职责是与蜂王交配，交配时蜂王从巢中飞出，全群中的雄蜂随后追逐，此举称为婚飞。蜂王的婚飞择偶是通过飞行比赛进行的，只有获胜的一只雄蜂才能成为配偶，交配后这只雄蜂就完成了它一生的使命而死亡。那些没能与蜂王交配的雄蜂回巢后，只知吃喝，不会采蜜，成了蜂群中的"懒汉"。日子久了，众工蜂就会将它们驱逐出群。蜂群里所有工作几乎都由工蜂承担，如照顾幼虫、服侍蜂王、建造蜂房、清理蜂巢、采集花粉、酿造蜂蜜、守卫蜂巢等。工蜂在短短的几个月生命期里不停地工作，任劳任怨，把一生都奉献给整个蜂群。

蜜蜂的蜂房是由无数个六边形巢室构成，每个巢室边挨着边，紧密地连在一起，没有一点空隙，巢室的基部由6个三角形组成六角锥。蜜蜂腹部的蜡腺可以分泌蜂蜡，筑巢时工蜂先用后足和中足将蜡传到前足，然后一边咬蜡，一边造型，最后做成蜂室。蜂巢的这种六边形结构早就被科学家们证明是用料最少、容量最大的结构，而且非常坚固，是蜜蜂的卓越创造。

工蜂腹部末端有一根由产卵器演变来的刺，它的前面有小倒钩，而且连着体内的毒腺。这根小毒刺是防身武器，当蜜蜂或蜂巢受侵犯时，它就用这根小毒刺刺进敌方的体内。蜜蜂射出毒刺后，由于刺上倒钩的作用，与毒刺连着的一部分内脏会被拉出体外，蜜蜂随后也会慢慢死去，所以蜜蜂一般不轻易螫人，只有在保护蜂巢时才以死相拼。

蜜蜂是著名的授粉昆虫，是生物链上不可缺少的重要环节，在农业中是不可替代的作物授粉者。蜜蜂采蜜时为农作物授粉，可提高农作物产量。据统计，利用蜜蜂授粉，可使油菜增产30%～50%，棉花增产5%～12%，果树增产55%，向日葵增产30%～50%。蜜蜂除酿蜜之外，还生产蜂王浆、蜂蜡、蜂胶、蜂毒等产品。此外，多能的蜜蜂还被人们誉为"昆虫矿工"；因为从蜜蜂采集三叶草花粉所酿成的蜜中，可以提炼出稀有金属钽，而且蜂蜜味道不变仍可食用。钽是电子工业和制造合成纤维必不可少的材料，但它在地壳内含量很少，含钽的矿藏很难找到。

蜜蜂具有严密的社会性群体结构，并有高度发达的生物本能，因而引起了人们的浓厚兴趣，它们是重要的科学研究对象。2006年，科学家破

日本（1995—1998 年）

泰国（2000 年）

土耳其（1996 年）

新加坡（1985 年）

波兰（1987 年）

译了蜜蜂的全基因组，不仅揭示了蜜蜂的进化奥秘，也为农业生产带来不少有用的信息。

我国蜜蜂资源丰富，养蜂历史悠久，形成了绚丽多彩的蜜蜂文化。许多文学、艺术作品都对蜜蜂大加歌颂。

俄罗斯（曾用国名苏联）（1989 年）

法国（1979 年）

科特迪瓦（曾用国名象牙海岸）
（1984 年）

鲨
shark

鱼类是低等脊椎动物，分软骨鱼类和硬骨鱼类。鲨（shark）属于软骨鱼类的板鳃亚纲鲨总目。

软骨鱼类是海洋中活跃的肉食性动物，鲨是具有代表性的鱼类，早在恐龙出现以前就已在地球上生存了，至今没有什么改变。鲨的骨架由软骨构成，身体呈纺锤形，眼睛在头部两侧，口横裂，位于头部腹面，无鳔，通常生活在深海区。多数鲨卵生或卵胎生，少数为假胎生。

鲨的密度比水稍大，如果它们不积极游动，就会沉到海底，所以鲨必须不停地游动。为了减轻在水中的重量，鲨的肝内通常储藏有大量油脂。鲨每侧有 5～7 个鳃裂（不像硬骨鱼有一对鳃盖护着鱼鳃），在游动时海水通过半开的口吸入，从鳃裂流出进行气体交换，因而游动的鲨看起来像是张着大嘴，样子十分可怕。鲨必须持续地让海水通过鳃，以避免窒息，只有少数几种鲨能停在海底进行呼吸。多数鲨游动时不能倒退，所以很容易陷入像刺网一类的障碍中，一旦陷入则难以自拔。

不同种类的鲨体形不一。最小的侏儒角鲨身长只有十几厘米，可以放在手上，重量不到0.5千克。鲸鲨则是海中最大的鱼，身长可达十几米，重40吨左右。

鲨嗅觉敏锐，对血腥味特别敏感，能闻出数千米以外极微量的血液等物质，并能对其追踪。它们可以感觉到几百米外的鱼类或动物所造成的震动，鱼类不规则的游弋所发出的低频率振动或者受伤而少量出血，都可以把它们从远处招来。此外，鲨还具有电接收器官——感应电力系统，凭借感应电力的能力鲨能察觉到四周数米内的微弱电场。

鲨口中有五六排利齿，某个牙齿脱落后能自行补上。据统计，一条鲨在10年内要换掉2万余颗牙齿。其牙齿呈锯齿状，能咬住猎物，还能将猎物锯碎。鲨多以受伤的海洋哺乳类、鱼类和腐肉为生，食物缺乏时有的鲨能几个月不进食。

有些鲨食肉成性，凶猛异常，有"海中狼"之称。如大白鲨，它的身体颜色和深海环境接近，能出其不意地逼近猎物，并在猎物尚未察觉时将其一口吞下。

据统计，在近400种鲨中，有约27种攻击人类，有12种可能攻击人类，有20多种可能有危险性。近几十年来，市场上鱼翅（即软骨鱼类的鱼鳍）交易越来越火，每年有数百万条鲨惨遭宰割，人类的捕杀活动造成鲨的数量急剧下降，不少鲨已被列入世界自然保护联盟的濒危物种名单。

俄罗斯（曾用国名苏联）（1991 年）

南非（西斯凯）（1983 年）

澳大利亚（1995 年）

尼加拉瓜（1989·年）

硬骨鱼类
osteichthyes

硬骨鱼类（osteichthyes）是与软骨鱼类并列的另一大鱼类，其主要特征是骨骼一般为硬骨，体被硬鳞、圆鳞或栉鳞，鳃裂外有骨质鳃盖骨保护。它们大多数有鳔——通过调节气体量而调节浮力的器官，在水中靠鳔来获得浮力。硬骨鱼大多体外受精、体外发育，少数是卵胎生。

据研究，硬骨鱼类出现于3.95亿年前的志留纪晚期或泥盆纪早期，一般认为是从棘鱼类发展而来。棘鱼类是首批出现的有颌鱼类，可能出现在奥陶纪，繁盛于志留纪。其体长仅有几厘米，由于具有骨质鳞片、部分骨化的骨骼和骨质鳃盖，所以被人们认为是现代硬骨鱼类的祖先。

硬骨鱼类是有颌、用鳃呼吸和变温的水生脊椎动物，有3个大类，即肺鱼亚纲、总鳍鱼亚纲和辐鳍鱼亚纲。辐鳍鱼类是现今水域中最繁盛、最活跃的类群，有20 000多种，占现代鱼类总数的90%以上。肺鱼类是硬骨鱼中古老而形态特殊的一类淡水鱼，口腔中有内鼻孔，现在仅存三属，分布于大洋洲、非洲和南美洲的热带河流中。总鳍鱼类到中生代末期已接近灭绝，但1938年在印度洋南非沿岸70米深处发现一条总鳍鱼，即矛尾鱼，后又陆续发现100多条，被称为活化石。在泥盆纪晚期由总鳍鱼类这一支演化出了早期的陆生脊椎动物。

硬骨鱼类占据了地球上所有水域中的各种生态位。从池塘到湖泊、从溪流到江河、从浅海湾到浩瀚大洋，各种深度的水域中到处都有硬骨鱼在游弋。不同种的硬骨鱼之间体形差别很大，有些小鱼永远长不到1厘米以上，而有的大鱼可以长得非常巨大，例如有身长超过4米的中华鲟（见第55页上的中华鲟邮票）。硬骨鱼的身体形状、生活行为、栖息环境和生态适应类型千差万别，充分体现出自然界的生物多样性。

无论是物种数量还是个体数量，硬骨鱼类不但远远超过全世界约800种的软骨鱼类，而且高居各种脊椎动物之冠，因此，有人认为硬骨鱼类是地球上真正的水域征服者。

鱼类，尤其是硬骨鱼类与人类的生活有着极其密切的关系，大小黄鱼、带鱼、青鱼、草鱼、鲢鱼等，都是人们喜爱的美味食品；它们还为制药业、制革业及饲料业提供丰富的原材料。特别值得一提的是，有些硬骨鱼色彩鲜艳、花纹美丽，加之体形标致灵巧，被作为漂亮的观赏鱼养殖，为人们的生活增添了情趣。

中国（1992 年）

中国（1998 年）

中国（台湾）(1986 年)

阿塞拜疆（1993 年)

朝鲜（1991 年）

朝鲜（1992 年）

柬埔寨（1988 年）

柬埔寨（1992 年）

老挝（1983 年）

PHILATELIC STAMPS
DOLPHIN
REP. OF MALDIVES

马尔代夫（1 枚 1992 年、4 枚 2002 年）

日本（1975 年）

斯里兰卡（1990 年）

泰国（1978 年）

土耳其（1996 年）

新加坡（1962 年）　　新加坡（1995 年）

印度（2001 年）

波兰（1992 年）

德国（1964 年）

俄罗斯（曾用国名苏联）（1960 年）

俄罗斯（曾用国名苏联）（1983 年）

俄罗斯（曾用国名苏联）（1991 年）

罗马尼亚（1993 年）

英国（1983 年）

科特迪瓦（曾用国名象牙海岸）
（1981 年）

马拉维（1984 年）

莫桑比克（1951 年）

南非（2000 年）

坦桑尼亚（1991 年）

澳大利亚（科科斯群岛）（1995—2001 年）

澳大利亚（圣诞岛）(1995—1997 年)

澳大利亚 (1995 年)

澳大利亚 (1997 年)

澳大利亚 (1998 年)

澳大利亚（科科斯群岛）(2001 年)

巴布亚新几内亚（1976 年）

巴布亚新几内亚（1994 年）

巴布亚新几内亚（2004 年）

新西兰（1935 年）

伯利兹（1974 年）

古巴（1971 年）

加拿大（纽芬兰）
（1880—1896 年）

古巴（1995 年）

墨西哥
（2002—2003 年）

鲟
sturgeon

　　鲟（sturgeon）属硬骨鱼类辐鳍鱼亚纲硬鳞总目鲟形目，是现存硬骨鱼类中最原始的种类之一，俗称鲟鱼。

　　中华鲟（chinese sturgeon）是鲟鱼的一种，也是我国特有的古老珍稀鱼类，其生理结构特殊，既有软骨鱼的特点，又有诸多硬骨鱼的特征。它的骨骼大部分为软骨，仅头部有几块硬骨，软骨脊柱及背部的一列、体侧和腹部两列漂亮的硬鳞骨板支撑起庞大身躯。中华鲟体形近似于鲨鱼，头大呈长三角形，吻长，口在头的腹面，成一条横裂，歪尾型。它们形态威武、硕大，长4米多，体重逾500千克，居世界26种鲟鱼之冠，被誉为"鲟鱼之王"，并有"长江鱼王"之称。中华鲟属肉食性鱼类，主要以小型的或行动迟缓的底栖无脊椎动物和小鱼为食。

　　中华鲟是典型的溯河产卵洄游性鱼类。它们像"游牧民族"，生在江河，长在海洋，成熟期为9～12年。在大海里长大并性成熟的中华鲟，每年夏、秋季节成群结队齐聚长江口，开始其艰辛的恋爱和婚配旅程——沿长江逆流而上3 000多千米，耗时一年。第二年秋天，它们回到故乡——在水流湍急的长江上游产卵繁育后代。在近两年的溯河洄游繁殖及从江河游向大海的过程中，中华鲟基本不进食，全靠消耗自身营养储备来维持体力，堪称鱼类中忍饥耐饿的冠军。孵出的幼鱼在江中生长一段时间后，再回到长江口育肥，之后便跟随亲鱼远征，向河口、海洋游去。

　　中华鲟产卵量很大，母鲟一次可产百万粒鱼卵，但成活率不高。长江水流较急，在动荡的水浪中进行受精，受精自然就不完全，这就淘汰了一批鱼卵；受精卵在孵化过程中，遇上食肉鱼类和其他敌害，或"惊涛拍岸"，又要损失一大批；即便孵成了小鱼，"大鱼吃小鱼"，还会有一定的损失。能"成鱼长大"且传宗接代的并不多。外国曾有人希望将中华鲟移居到他们的江河内繁衍后代，但中华鲟总要千里寻根，即使被移居海外，也会洄游到故乡的江河里生儿育女。由于这种执着的回归习性，人们称它为"爱国鱼"。

　　中华鲟是研究鱼类演化的重要参照物，在研究生物进化、地质、地貌、海侵、海退等地球变迁等方面均具有重要的科学价值和生态、经济价值，被称为水生动物中的"活化石"，列为国家一级保护动物。我国已建成中华鲟的养殖场，并在长江进行人工放流，大大提高了中华鲟幼鱼的成活率。

中国（1994 年）

中国（2000 年）

阿塞拜疆（1993 年）

金鱼
gold fish

金鱼 (gold fish) 属于硬骨鱼类的鲤形目鲤科鲫属，也称为"金鲫鱼"。金鱼是由鲫鱼演化而成的观赏鱼类。

金鱼起源于中国，远在晋朝就有关于红色鲫鱼的记录。在唐代的"放生池"里，开始出现红黄色的鲫鱼，宋代开始出现金黄色鲫鱼，之后人们开始在池子里养金鱼，金鱼的颜色也出现白花和花斑两种。12世纪的南宋已开始金鱼家化的遗传研究。明朝开始用盆饲养金鱼，对金鱼的发展起到了极大的促进作用。16世纪初，金鱼被首次引入日本，接着传入欧洲，19世纪初传入美国，后来逐渐传播到世界各地。金鱼的形成和变异是我国古代人民发展鱼文化的智慧结晶。至今，世界各地还普遍将金鱼称为"中国金鱼"。我国的第一套动物邮票就是1960年发行的《金鱼》（见第57页上的中国邮票）。

金鱼的身体一般短而肥，鱼鳍发达，尾鳍有很大的分叉。经过900余年家化培育和人工选择，金鱼的品种不断优化，大致可分三类：（1）文种，体形近似普通鱼类，一般身体较短，各鳍发达，尾鳍分叉，眼球平直不突出，体形像"文"字，如"鹤顶红""虎头"等；（2）龙种，体形短粗，头平而宽，鳍发达，两眼球突出至眼眶外，如"红龙睛""白龙睛"等；（3）蛋种，无背鳍，背部平滑而呈弓形，体形缩短，圆似鸭蛋，如"丹凤""狮子头"等。

金鱼的品种众多，千姿百态、色彩绚丽、泳姿舒逸，并有着无穷无尽的变化，故也被称为"金鳞仙子""水中牡丹""东方圣鱼"等，可以说是一种天然的、活的艺术品，它们能够让人悠然神往、陶醉其中，因而喜好者日益增多。

金鱼的寿命长短与其饲养条件及鱼种的体质有关，一般认为金鱼寿命只有6~7年，但有人观察到金鱼在良好的饲养条件下可以活10年，甚至更长时间。作者熟悉的一位退休老人，养一条小金鱼已十余年，此鱼如今依然游动灵活，毫无老态，并与老人深有感情。每当老人走近，它立刻摇着尾巴快速游过来表示欢迎。老人无论给它吃什么，面条、馒头、米饭，它都仰起头，张开嘴，大口吞下。别人无论喂它什么，它则都拒绝，甚至立即躲藏到石头背后。

金鱼是闻名于世的观赏鱼，由于体形丰满、性情温婉，被誉为幸福、吉祥、和平与友谊的象征。历史上，中国金鱼曾多次作为中国人民的使者，远渡重洋，为世界各地的人民送去了友谊，促进了我国人民和世界各地人民的友好

中国（1960 年）

往来。我国人民在过春节时有一种习俗，即喜欢养一些金鱼或是在年画上画一个大胖小子怀抱一条大金鱼，取意"人财两旺，年年有余"——"鱼"为"余"之谐音，象征着生活一年比一年好，吉庆有余；再如"金鱼满塘"中的"鱼""塘"与"金玉满堂"中的"玉""堂"谐音，也是喜庆祝愿之词，表示富有。另按古代的文化蕴含，"金"喻为女孩，"玉"喻为男孩，"金玉满堂"也即为"儿女满堂"。

自古以来，人们就将金鱼作为艺术创作的素材。中国的金鱼画在整个中国绘画艺术中占有一定地位，各朝各代的著名大画家都有许多以金鱼为题材的绘画杰作，如清代著名的金鱼画家虚谷和尚的《紫绶金章》金鱼图，已成为价值连城的国宝。许多文人墨客也写过不少以金鱼为主题的小说、诗歌、寓言和童话等，例如，诗人苏东坡在重游西湖时写下了名句："我识南屏金鲫鱼，重来拊槛散斋余。"著名俄国诗人普希金（1799—1837）用叙事诗写成的童话《渔父和金鱼的故事》脍炙人口，流传至今。此外，在房屋建筑、器皿以及衣物等针织品上也常常饰有美丽的金鱼图案。

在公园里，养育着各种不同形态和色彩金鱼的池塘，常常是游人们驻足观赏的地方。在家里，饲养金鱼更是一件乐事，它给家庭生活增添了生机和情趣。

金鱼性情温和、饲养条件简单、容易繁殖，现在已成为科学研究常用的优良实验鱼种。尤其是多姿多彩的金鱼变异现象引发了科学家浓厚的研究兴趣，他们开展了针对金鱼的遗传、变异、进化而进行的实验胚胎学、细胞遗传学、发生遗传学和分子遗传学等多方面的科学研究。

中国（香港）(1993 年)

朝鲜(1994 年)

柬埔寨(1992 年)

ماهیهای زینتی آب شیرین

ORNAMENTAL-FRESH WATER FISHES

100 RIs. Carassius auratus طلایی دم چادری

200 RIs. Carassius auratus طلایی جسم حبابی

300 RIs. Poecilia reticulate گوپی

400 RIs. Betta spendens ماهی جنگجو

500 RIs. Carassius auratus طلایی مرواریدی

600 RIs. Carassius auratus طلایی دم پروانه ای

伊朗 (2004 年)

越南（1977 年）

蛙
frog

蛙 (frog) 属两栖纲无尾目。

无尾目有 27 个科，其成员都冠以蛙和蟾蜍的称呼。皮肤比较光滑、身体比较苗条而擅长跳跃的称为蛙；皮肤比较粗糙、身体比较臃肿而不擅跳跃的称为蟾蜍。实际上有些科同时具有这两类特征，所以人们把无尾目两栖动物统称为"蛙"。

蛙类的幼体（蝌蚪）有尾无足，在水中生活，用鳃呼吸；成体无尾而具四肢，后肢长于前肢，用肺或皮肤呼吸。由于皮肤裸露，不能有效地防止体内水分的蒸发，因此它们一生离不开水或潮湿的环境。

最常见的蛙是青蛙，体长 5 ~ 8 厘米，体色多为青绿和黄褐，前肢较短，后肢发达，趾间有蹼，擅长跳跃和游泳。雌蛙体大，行动缓慢，没有声囊；雄蛙个体较小，口角两边有一对鸣囊，鸣声响亮。青蛙皮肤里的各种色素细胞可随湿度、温度的变化扩张或收缩，从而发生皮肤颜色的变化；有经验的农民能根据青蛙皮肤颜色的变化预测天气的变化。青蛙有冬眠习性，每逢秋末便会钻进潮湿的泥土里冬眠。冬去春来，万物复苏之际，池塘里又响起悦耳的蛙鸣。青蛙吃蛾、蚊、蝇和稻飞虱等农业害虫，每只青蛙一天可捕食 50 ~ 120 只小虫，是人类庄稼的保护者，俗话说"蛙满塘，稻满仓"。蟾蜍的身上长"癞"，俗称"癞蛤蟆"，它们的捕虫本领并不亚于青蛙。

蛙类的生殖特点是雌雄异体、水中受精，属于卵生。繁殖时间在 4 月中下旬。在生殖过程中，蛙类有一个非常特殊的现象——抱对，抱对并不是交配，只是一个重要环节。研究表明，如果人为地把雌雄青蛙分开，即没有抱对，那么在繁殖期里，雌蛙就不能排卵。可见抱对的生物学意义就在于促使雌蛙排卵。卵孵化后变成蝌蚪，在水中生活，然后变成幼蛙登陆活动。"有尾没有腿，生腿甩掉尾，脱去黑布衫，变成四条腿。"这首质朴的儿歌，生动地描述了蝌蚪变成青蛙的有趣过程。

蟾蜍的耳后腺能分泌出一种毒液，可用以制造蟾酥，是多种药物的原料，据说有止血、消炎、排毒的功效。泽蛙能够治疗疥疮，虎纹蛙则能治疗小儿疳积症。产于我国东北的中国林蛙肉可食，干制的雌性林蛙为哈士蟆，晒干

朝鲜（1992 年）

柬埔寨（1993 年）

越南（1991 年）

的林蛙输卵管称哈士蟆油，均为滋补品。

　　古人认为蛙多子，是生命繁衍的象征。蛙形图案经常出现在岩画、陶器、青铜器以及民间的剪纸、刺绣中，作为一种艺术题材源远流长。

捷克斯洛伐克（1983 年）

捷克斯洛伐克（1989 年）

澳大利亚（1981—1983 年）

澳大利亚（1996—1999 年）

澳大利亚（1999 年）

澳大利亚（2003 年）

斐济（1979 年）

龟和鳖
tortoise and turtle

龟（tortoise）和鳖（turtle）均属于爬行纲龟鳖目，统称为龟鳖类。

龟壳表层比较坚硬，头椭圆，无牙齿，有硬喙，头及四肢都有花纹；大多性情温和，不主动攻击其他动物。鳖又叫甲鱼或王八，背部深绿色，其表层比较软、无花纹，头尖，有牙齿，颈部可以伸长；性情比较凶猛。龟和鳖的形态相近，因背上有13块背甲，头、尾和四肢伸出来形成凸出的6只"角"，而被称为"十三块六角"。

龟鳖类与恐龙是同时代的动物。在漫长的世纪更迭中，不同地区的龟和鳖，有的潜入大海，有的深居内陆，有的栖居江湖，龟鳖类家族由此分化成为海龟、水龟、陆龟和水陆两栖龟。海龟具有桨状的四肢；水龟四肢的趾和指间都有蹼，以适应水中生活；陆龟的四肢粗壮呈圆柱形，适应在陆地上爬行。龟鳖类是变温动物，对环境温度的变化反应灵敏。它们新陈代谢所产生的热量有限，又缺乏保住体内热量的控制机制，因此只能寻找或凉或热的地方来控制体温的波动。

龟鳖类均为卵生，一般当年交配隔年产卵，繁殖季节在5—10月，每次产卵1～20枚不等（海龟可达百枚），卵产于潮湿的陆地上，呈圆球形或长椭圆形，有白色钙质硬壳。母龟没有看护卵的习性。卵的孵化完全依赖温度、湿度等自然条件，所以小龟从来不知道自己有父母。

龟鳖类不能发声，听觉也不灵敏，但有相当好的嗅觉和触觉。呼吸时其通过口咽腔有节奏性地上升与下沉来实现气体的呼出与吸入，这种特殊的呼吸方式被称为"咽气式"呼吸，又称为"龟吸"；同时，它们通过颈和四肢的伸缩运动来直接影响其腹腔的大小，从而影响肺的扩大与缩小。龟鳖类生理机能活动缓慢，体内消耗能量很少，这可能是它们长寿的原因之一。虽然它们并不像民间所传说的那样"千年王八万年龟"，但有的龟的确可以活到100年以上，少数巨龟能活数百年。

在我国古代，龟鳖与龙、凤、麒麟并称"四灵"或"四神"。早在新石器时期的陶器及商周时期的青铜器上就出现了龟的形象。商朝后期人们开始在龟甲上面刻写文辞、记载历史，形成了最古老的文字——甲骨文。凡皇家

朝鲜（1998 年）

韩国（1993—1995 年）

柬埔寨（1987 年）

柬埔寨（1988 年）

老挝（1984 年）

日本（1975—1976 年）

越南（1989 年）

遗址如北京、西安等地都保存有大型石碑，石碑下面有驮碑的石龟，取千年不朽之意。

与龟相关的文学作品很多，例如曹操的诗《龟虽寿》，西方《伊索寓言》中《龟兔赛跑》的故事等（见第355页上的匈牙利邮票）。

马耳他（1979 年）

斯洛文尼亚（1996 年）

南非（1998 年）

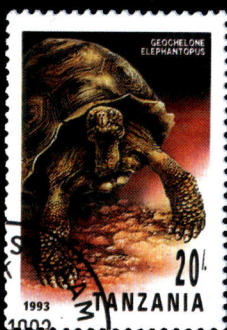

坦桑尼亚（1993 年）

澳大利亚（1995 年）

巴布亚新几内亚（1984 年）

美国（1987 年）

蜥蜴
lizard

蜥蜴 (lizard) 为爬行纲蜥蜴目动物的通称。

蜥蜴和蛇的亲缘关系很近，两者原来共属于有鳞目，后来把它们区分为蜥蜴目和蛇目。从形态特征看，蜥蜴就像是长了 4 条腿的蛇，因此也被叫作"四脚蛇"。关于蜥蜴的起源众说纷纭，但是有一点可以肯定：它们和"亲戚"恐龙一起出现在中生代侏罗纪时期，即起源于距今 2 亿多年前的时候。

蜥蜴是爬行纲中最庞大的家族，现有 3 700 多种，栖息环境非常广泛，遍布世界各地。它们可以生活于水中、栖息于沙漠、潜藏于地下、攀爬于树林，甚至还能飞翔在空中，而且为了适应不同的环境还演化出各种不同的形态。例如：脚趾长有吸盘、擅于攀爬的壁虎，以皮膜在空中滑行的飞蜥，四肢退化而形态极其像蛇的蛇蜥，适应树栖而体色随环境的变化而改变的变色龙，适应在山间草丛和岩石缝隙中生活的石龙子……

在新西兰及其附近的岛屿上有一种喙头蜥，体形像蜥蜴，嘴却像鸟喙，因而得名。它与 2 亿年前的古喙头动物极为相似，而且无论是身体内部结构还是外表形态至今都没有什么变化，被人们称为"活化石"。喙头蜥自己不营建洞穴，但它们能与海燕和平共处，住在海燕的洞中就如同住在自己的家里。它们白天在洞里休息，晚上外出活动，到潮湿的洼地或水边寻觅蠕虫、甲壳动物和软骨动物等食物。喙头蜥也在洞内产卵生育，每次产卵 8 ～ 10 枚，幼蜥经过 15 个月的孵化出壳，到 20 岁时长大成熟，寿命可达 100 多年。

蜥蜴的身体可分为头、躯干、四肢和尾巴 4 部分。头骨后有数个颈椎，在外形上无明显界限，因此头能灵活地转动，以便在陆地上更好地寻找食物，发现敌害。大多数种类的蜥蜴具有四肢，而且比较短小，适合在陆地上爬行。蜥蜴的皮肤干燥、粗糙，表面覆盖着角质细鳞，能够减少水分蒸发，以利于在陆地上生活。一般每年繁殖 1 次，多为卵生。

蜥蜴的体形虽然不大，可是尾巴却不小，而且又粗又长。当蜥蜴遇到敌人袭击时，可自断其尾，断尾不停跳动吸引敌人的注意，自己则逃之夭夭。不过，蜥蜴也要为这样一种逃脱方式付出巨大的代价——蜥蜴的尾巴是营养仓库，平时它们把多余的营养都贮存在尾巴里，断尾就是丢失了营养库，

朝鲜 (1998 年)

柬埔寨 (1987 年)

蒙古 (1991 年)

是一种严重的生理消耗。此外，蜥蜴的尾巴也是其力量和地位的象征，一旦失去尾巴，它在群体中的地位就会下降，从而威胁它日后的生存。因此，蜥蜴这种自断其尾的做法是在受到攻击而万不得已时才采取的最后一招。

一种名为"避役"的蜥蜴非常特殊，它有很强的变色能力，所以其外号为"变色龙"。避役依靠自身皮下的多种色素细胞，能随时随地根据需要改变身体的颜色，以便捕食和躲避外敌的袭击。变色龙的变色实际上是一种伪装，可用来弥补自身行动迟缓的缺陷，使其得以逃脱捕食者的追捕。这种变色是非随意性的、在植物性神经控制之下的生理行为变化，它与光照的强弱、温度的改变、动物本身的兴奋程度以及个体的健康状况等有关。

变色龙变色的最妙之处在于，为了便于伪装，变色龙选择的颜色总是自己所处位置的最主要颜色。比如，当它在沙地捕食时，它的皮肤会变为黄褐色的；当它进入森林时，则会将自己变成与草丛树干相同的绿色。

蜥蜴大多为杂食性或肉食性，主要以各种昆虫为食。体形较大的蜥蜴如大壁虎也吃小鸟或其他小蜥蜴。巨蜥则可吃鱼、蛙甚至捕食小型哺乳动物。由于大多数蜥蜴能够捕食大量昆虫，因此它们在控制害虫方面所起的作用不可低估。

很多人以为蜥蜴有毒，其实这种看法是不对的。在全世界已知的蜥蜴中，仅有两种是毒蜥，而且只分布在北美洲和中美洲。

蜥蜴是变温动物，在温带及寒带生活的蜥蜴于冬季进入休眠状态。热带气候温暖，在此生活的蜥蜴可终年进行活动，但在特别炎热和干燥的地方也会夏眠，以避开高温干燥和食物缺乏的恶劣环境。蜥蜴用肺呼吸，肺泡数目很多，因此能比较好地完成气体交换，满足整个身体对氧气的需要，以适应在比较干燥的环境中生活。

很多人对蜥蜴的感觉是它们既丑陋又可怕。其实不然，蜥蜴类动物大多数温顺可爱，颜色艳丽，而且好静，往往在一个地方一待就是几个小时。现在越来越多的人开始喜欢蜥蜴，有些人还将它们作为宠物饲养。

乌兹别克斯坦（1993 年）

越南（1983 年）

法国（2001 年）

匈牙利（1989 年）

利比里亚（1906 年）

澳大利亚（1981—1983 年）

斐济（1979 年）

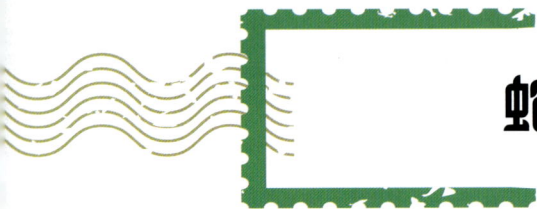

蛇

snake

蛇(snake) 属爬行纲蛇目。

蛇类是爬行动物中的重要组成部分，多数为卵生，少数为卵胎生，即受精卵在体内的输卵管内发育成熟后产出，毒蛇大多为卵胎生。蛇大部分是陆生，以鼠、蛙、昆虫等为食，喜潮湿阴暗的环境，主要生活于热带和亚热带的平原、丘陵、山地等的树丛、洞穴中。蛇对硫黄味非常敏感，凡有硫黄的地方，绝对见不到它的踪迹。

蛇的种类很多，其大家族里既有蚯蚓般大小的盲蛇，也有粗如水桶，长达七八米的巨蟒；既有常年栖息于山林洞穴的陆地蛇，也有像鱼儿一样终年生活在水中的水蛇；既有温顺的无毒蛇，也有凶残的剧毒蛇；既有卵生蛇，也有卵胎生蛇。蛇一般可分为无毒蛇和有毒蛇两大类，两者的体征区别主要有：毒蛇的头一般是三角形的，口内有毒牙，牙根部有毒腺，能分泌毒液，尾短且突然变细；无毒蛇头部是椭圆形的，口内无毒牙，尾部是逐渐变细。但也有例外的情况。

不同蛇类的生活习性不同，但一般具有如下共同特征：软体细长；体表有角质鳞；四肢退化；舌细长而深，分叉；上下眼睑相互愈合并透明，遮盖眼球。蛇的视力较差，只能看见在面前晃动的物体，远一点就看不见了，因此当发现蛇后，不要惊慌失措，保持冷静不动是免遭伤害的上策。蛇无外耳和鼓膜，听不到声音；它通过头部的下颌骨，主要是方骨来感受地面的振动，然后通过耳柱骨传入内耳，引起听觉，蛇对几十米外的动静也很敏感，故有"打草惊蛇"之说。利比里亚在1919年发行了1枚蛇图案的邮票（见第79页上的利比里亚邮票），这是世界上第一枚三角形挂号邮票，图案是一条正准备攻击的眼镜蛇，寓意警告想偷取挂号邮件的人。

蛇经常处于饥饿或半饥饿状态。一般以"守株待兔"的方式捕食，但有时也主动出击。蛇上下颌骨之间由韧带相连，口可张得很大，能吞食比自身头部大8~10倍的食物。蛇没有味觉，胃口却很大，囫囵吞枣吃饱一顿后，能几天甚至几十天不再吃东西。通过缓缓地消化胃内的食物，一点一点地吸收营养，不会出现消化不良，这是蛇类动物的超常本事。眼镜蛇饿极了连同类也吃，不管是父母还是兄弟姐妹，有时甚至会发生两条一般大的眼镜蛇互相吞食对方尾部，最后谁也吞不掉谁的可怕情境。

蛇类是冷血动物，自己不能调节体温，故怕冷。绝大部分陆地蛇都有冬眠的

柬埔寨（1987 年）

柬埔寨（1988 年）

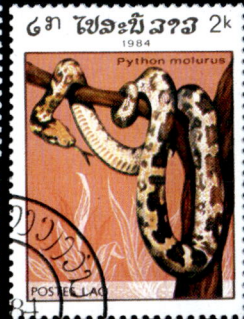

老挝（1984 年）

习性，到了冬天，蛇常常盘踞在洞中睡觉，一睡就是几个月，不吃不喝、一动不动。待到春暖花开，蛇苏醒后开始外出觅食，随着觅食量增加，体况逐渐恢复。蛇到4月下旬至5月上中旬进入发情期。求偶时主要靠气味，少数种类的雌雄蛇会发出"哒哒哒"如击石声的鸣叫。蛇类的产卵期一般在4月下旬到6月上中旬。所产蛇卵粘结成一个大的卵块，卵块中卵的数量为8～15枚不等。

蛇没有脚，爬行却相当快。从体内结构看，蛇的脊椎骨上附着能动的肋骨，肋骨腹端连腹鳞，脊柱左右弯曲时，皮下肌使肋骨移动，随之腹鳞前后移动，使蛇得以腹部贴地面爬行。蜿蜒运动是蛇的特殊运动方式，爬行时，蛇体在地面上做水平波状弯曲，使弯曲处的后部施力于粗糙的地面上，由地面的反作用力推动蛇体前进，如果把蛇放在平滑的玻璃板上，它就寸步难行了。此外，蛇还可以履带式和伸缩式的方式运动，使蛇身直线向前爬行，并达到较快的速度。

蛇是最古老的动物之一，其祖先跟恐龙的祖先大致同时出现于2亿年前的三叠纪后期。毒蛇是从无毒蛇进化而来的，出现较晚。俗话说，"一朝被蛇咬，十年怕井绳"，人对蛇的恐惧感甚于对其他猛兽。在中国猿人化石产地曾发现蛇的遗骸，可以推测，原始人类在与各种动物的斗争中，蛇也是一个重要对手；他们捕捉蛇作为食物，或者因蛇咬而伤亡。

在许多原始氏族的宗教信仰中，蛇曾占据突出的地位。以蛇作为图腾的氏族非常多。直至今天，崇拜蛇的风俗在许多民族中仍然流行。非洲的土著至今在他们的盾上还画着蛇的图形，相信它有特殊的魔力。

在中国，人们认为蛇主吉运、旺财富，故蛇又称祥蛇、灵蛇，俗称"小龙"，我国传说中的龙可能就是蛇的神化，龙与蛇关系十分密切。十二生肖中蛇在龙之后，排行第六，象征智慧及一种不怒而威的权力。古代传说中的华夏远祖伏羲与女娲，在《山海经》中被描绘成人首龙身和人首蛇身，很多汉唐壁画、画像石、砖刻和绢画中，都有关于伏羲与女娲龙蛇相配的图画。有关蛇的民间故事中，流传最广的是以白蛇和许仙为主角的《白蛇传》。

如今，蛇类也面临着日益减少和灭绝的危险。一是因为人类对蛇心怀恐惧，一旦看见了蛇就非要将其置于死地不可。二是因为蛇浑身是宝：蛇皮是制作乐器的特殊材料，蛇胆、蛇毒、蛇骨都是名贵药材，蛇蜕下的皮有止痒功效，全蛇浸酒可去风湿；蛇肉营养丰富，味道鲜美，是美味佳肴。目前人类对野生蛇类的盲目捕杀已造成生态失衡，有的地方蛇已绝迹。实际上，蛇类是保持生态平衡的功臣。蛇是捕鼠能手，一条五步蛇半天就能吃掉7只田鼠，一条家蛇每年能消灭数百甚至上千只老鼠。毒蛇一般不主动攻击人畜，只在自身有危险的情况下才进行还击。蛇对人类的益处远远大于害处，保护蛇类已经刻不容缓。

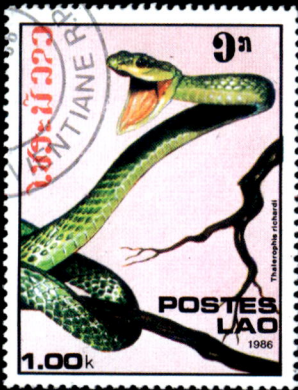

老挝（1986 年）

老挝（1992 年）

老挝（1992 年）

老挝（1994 年）

日本（1989 年）

越南（1989 年）

俄罗斯（曾用国名苏联）（1977 年）

罗马尼亚（1993 年）

希腊（1995 年）

匈牙利（1989 年）

利比里亚（1921 年）

尼日尔（1984 年）

尼加拉瓜（1982 年）

鳄鱼
crocodile

鳄鱼（crocodile）属爬行纲鳄目鳄科。

鳄鱼约 2 亿年前由两栖类进化而来，是最原始的爬行动物，迄今改变很少，科学家称之为活化石。今天的鳄鱼家族除少数生活在温带地区外，大多生活在热带、亚热带的河流、湖泊和多水的沼泽，有的生活在靠近海岸的浅滩中。世界上现存鳄鱼 23 种，大部分体长 2～6 米，重几百千克，有的身长超过 6 米，体重超过 1 吨。除海洋生物外，鳄鱼是世界上最大的食肉动物。

鳄鱼头部扁平，吻很长，全身长满角质鳞片，长长的尾巴呈侧扁形，四肢较短，前肢 5 趾，后肢 4 趾，趾间有蹼。入水能游，登陆能爬，视觉和听觉都很敏锐，外表貌似笨拙实则动作灵活。鳄鱼以肺呼吸，由于体内氨基酸链的结构，供氧储氧能力较强，可在水底潜伏 10 小时以上。成年鳄鱼经常伏在水下，只有眼鼻露出水面，依靠灵敏的耳目察觉周围的变化，一旦有险情立即下沉。鳄鱼以鱼类、水禽、野兔、蛙等为食，有时会噬杀人畜。

鳄鱼是冷血卵生动物，12 岁时性成熟。每年 5—6 月交配，7—8 月产卵。产前雌鳄先上岸选址筑巢——用尾巴扫出一个平台，在台上建直径约 3 米的巢，在巢内用树叶、干草铺成一张"软床"，然后上床待产。每次产卵 20～40 枚，鳄卵需要经 75～90 天的孵化，这段时期雌鳄守候在巢侧，不时甩动尾巴洒水浇湿鳄卵巢，保持 30～33 摄氏度的温度。出壳的雏鳄身长几十厘米，3 年后可达 1.1 米。鳄鱼是长寿的爬行动物，平均寿命 70～80 岁，有的 100 多岁，甚至高达 150 岁。

鳄鱼的牙齿尖锐锋利，为槽生齿，但不能咀嚼食物。鳄鱼通常把食物囫囵吞咽，遇到大块头猎物无法吞咽时，就用大嘴"叼"着猎物在石头或树干上猛烈摔打，摔软或摔碎后吞下。有时它们也把猎物拖入水中淹死或扔在一旁任其自然腐烂后吞食。

人们常说"鳄鱼的眼泪——假慈悲"，确实，鳄鱼流泪并不是因为其伤心难过，而是在排泄体内多余的盐分。鳄鱼的肾脏功能不完善，体内多余的盐分要靠一种特殊的盐腺来排泄，而这盐腺正好位于眼睛附近。

中国（1983 年）

马来西亚（北婆罗洲）（1894 年）

马来西亚（北婆罗洲）（1897—1900 年）

德国（1998 年）

　　鳄鱼看似凶恶，实际胆子较小，如我国的扬子鳄，有人走近时会立即钻洞躲藏。鳄鱼一般不主动袭击人类，经过训练还能与人合作表演，任人抚摸、亲吻、骑乘，甚至张大嘴巴让人把头伸进去。

　　鳄鱼的经济价值很高，皮可加工成皮鞋、皮包、腰带等，牙可做装饰品，肉味鲜美且营养丰富，内脏可入药。

　　世界第一枚鳄鱼邮票是 1894 年在北婆罗洲（现为马来西亚沙巴州，曾是英国保护地）发行的。邮票上是咸水鳄，咸水鳄是 23 种鳄鱼品种中体形最大的，也是现存最大的爬行动物。1897—1900 年北婆罗洲发行的咸水鳄邮票，红字标明北婆罗洲是英国的保护地，右上角有汉字表示的邮票面值（见第 81 页上的马来西亚邮票）。

利比里亚（1921 年）

澳大利亚（1997 年）

澳大利亚（1994 年）

澳大利亚（1997 年）

古巴（1981 年）

鸵鸟
ostrich

鸵鸟（ostrich）属鸟纲鸵形目鸵鸟科，是体形最大、不能飞行但奔跑迅捷的鸟类。

鸵鸟产于非洲，故称"非洲鸵鸟"。澳大利亚的鸸鹋、新西兰的几维（见第87页上的新西兰邮票）都不会飞且体形与鸵鸟相似，所以也被称为鸵鸟。

鸵鸟雄性身高2～3米，体重100多千克，全身羽毛多为黑色，翅膀退化，不能飞翔，翅端和尾羽末端为白色。雌性体形稍小，大多棕灰色。它们生活在沙漠草原地带，三五成群，多则20余只栖息在一起，以植物的茎、叶、种子、果实及昆虫、蠕虫、小型鸟类和爬行动物等为食。

鸵鸟头小，脖子很长，约占身体的一半；眼睛大，目光锐利；挺胸突臀，一副趾高气扬的样子。头部、颈部和腿部裸露，利于散发热量。鸵鸟双腿修长，粗壮有力；足趾为适于奔跑减少到了两趾（一般鸟类有3或4趾），趾下皮厚，保护其双脚不被热沙烫伤；一对小翅膀在奔跑时发挥着维持身体平衡和助跑的作用。鸵鸟一步可跨六七米，奔跑的最快时速为70千米，连快马都追不上它，是跑得最快的鸟类。

在繁殖期间，鸵鸟实行一夫多妻制，每只雄鸟与三四只雌鸟交配。求偶时，雄鸟把翅膀尖端的白羽有节奏地展开和收敛，发出低沉的叫声。雄鸟还会在沙地挖出一个浅坑作窝，同属于一只雄鸟的雌鸟会把蛋产在同一个窝里，由雌鸟和雄鸟共同孵蛋。鸵鸟蛋在所有的鸟蛋中最大最重，重量为鸡蛋的20～30倍，蛋壳坚硬，可承受一个普通人的重量。为防止掠食者偷食，雌鸟白天、雄鸟晚上轮流孵蛋，另外还有成年鸵鸟看守。经历了为期3周的产卵期和约为6周的孵化期后，只有不到10%的蛋能孵化成功。新生命一出世，就面临着天敌及恶劣气候等的严峻考验，大约只有六分之一的雏鸟能够活下来。

有一个流传甚广的词语叫"鸵鸟政策"，说的是"鸵鸟在危急关头会把头埋在沙堆里，自己什么都看不见就以为别人也看不到它"，以此来讽刺自欺欺人的行为。科学家证实这是误解——鸵鸟将头贴在地面是为了觅食，或便于听声，或放松一下颈部肌肉，不是因害怕而躲避。如遇敌手，它会用强壮的长腿踢击对方，即使遇到狮、豹也敢较量一番。

朝鲜（1990 年）

马里（1985 年）

马来西亚（北婆罗洲）
（1909—1922 年）

尼日尔（1959—1960 年）

乍得（1996 年）

　　非洲不少国家以鸵鸟为运输工具，还驯养鸵鸟来牧羊—— 一旦发现有窃贼偷羊，鸵鸟就马上高声鸣叫，并迈开长腿飞奔过去，把窃贼赶跑。鸵鸟浑身都是宝：皮毛珍贵，肉质营养丰富，鸵鸟蛋是美味食品，蛋壳、羽毛是工艺品原材料，鸵鸟油已开始用于生产化妆品，血已制成生物药品。

澳大利亚（新南威尔士）
（1888—1889 年）

澳大利亚（1986 年）

澳大利亚（1994 年）

新西兰（1898 年）

阿根廷（1960 年）

游禽

natatorial bird

游禽 (natatorial bird) 涵盖鸟纲中潜鸟目、鹳鹬目、鹱形目、鹈形目、雁形目、鸥形目等，是在各种水域活动的鸟，在海洋、内陆河流与湖泊中都有它们的身影。游禽的特点是后肢短，足具蹼，善游泳，喜群居。

游禽体形大小相差悬殊，如卷羽鹈鹕体长可达 170 厘米，而小鹳鹬体长只有 27 厘米。游禽双腿所处位置从身体中央到偏于体后，反映着不同程度的潜水能力。一般腿越偏向身体后部，潜水能力越强，潜水深度越深；反之则不善潜水。游禽的脚适于游泳，都长有肉质脚蹼，但蹼的发达程度各有不同。

由于在水中活动，游禽多有发达的尾脂腺分泌油脂，它们用喙将油脂涂抹在羽毛上，以防止羽毛被水浸湿。有的游禽尾脂腺不发达，需要在岸边晾晒羽毛。

游禽的食性很杂，水生植物、鱼类、无脊椎动物都是它们的食物。游禽的喙多呈扁形或具钩状，在水中捕食时有防滑的作用。由于取食习性不同，经常会有几种游禽在同一地点的不同区域活动，有的在近水滩觅食，有的在一定深度的水域潜水觅食，占据着不同的生态位。

现在全球唯一的疣鼻天鹅人工饲养基地是英国的阿伯茨伯里天鹅养殖场，根据书面记录，这个饲养基地的历史可以上溯到 1393 年，但人们认为还可以再往前推几个世纪，可能建于 11 世纪 40 年代。1993 年英国发行的一套天鹅邮票（见第 94 页上的英国邮票）的专题就是有关阿伯茨伯里天鹅养殖的内容。

游禽营巢一般在近水区域，有的就在水面上营浮巢。许多游禽会选择在岛屿的地面上筑巢，大多成群结队且地点固定，形成一个个鸟岛。雏鸟是早成雏，出壳后长有绒羽，可随亲鸟游水。

游禽多有迁徙的行为，雁形目的鸟类常做南北向跨越大陆的迁徙，鹱形目的鸟类沿赤道地区做东西向迁徙，鸥形目的鸟类沿大陆海岸做跨越大洋的迁徙，企鹅目的鸟类则会依季节变化而在南极大陆沿海和内陆迁徙。

海洋性的鹱形目和鸥形目游禽自古以来都是随鱼汛而行，远洋渔业的密

中国（1979 年）

中国（2015 年）

中国（香港）（2006 年）

中国（1983 年）

朝鲜（1979 年）

朝鲜（2000 年）

集式网捕已对它们造成威胁，密集细小的鱼钩在钩住鱼的同时也使吞下鱼的鸟丧命。这种网捕方式一方面带来了渔业的丰收，另一方面则使许多鹳形目和鸥形目鸟类的数量急剧下降。

　　游禽中的雁形目与人类关系密切，许多种类如鸭、鹅等很早就被人驯养，称为家禽。家禽的肉和蛋是人类生活中不可缺少的佳美食品。极受人们喜爱的天鹅是相貌最美的水鸟。白天鹅整洁、庄重，长着修长的脖子和雪白的羽毛，有"鸟中美神"之称。许多音乐、舞蹈和文学作品常以天鹅命名，或在其中讲述有关天鹅的故事，最为人们熟悉的是芭蕾舞剧《天鹅湖》。

韩国（2005—2009 年）

日本（1971—1975 年）

日本（1992—1994 年）

爱尔兰（2002 年）

爱尔兰（2002 年）

印度尼西亚（1998 年）

保加利亚（1968 年）

保加利亚（1988 年）

保加利亚
（1993 年）

俄罗斯（曾用国名苏联）
（1978 年）

俄罗斯（曾用国名苏联）
（1982 年）

俄罗斯（曾用国名苏联）（1989 年）

俄罗斯（曾用国名苏联）（1990 年）

俄罗斯（曾用国名苏联）（1990 年）

Шилохвость · *Anas acuta* 1991

Морская чернеть · *Aythya marila* 1991

Савка · *Oxyura leucocephala* 1991

5k ПОЧТА СССР

15k ПОЧТА СССР

20k ПОЧТА СССР

俄罗斯（曾用国名苏联）（1991 年）

SAINT-PIERRE & MIQUELON

POSTES 25

SAINT-PIERRE & MIQUELON

POSTES 40

法国（圣皮埃尔和密克隆）（1909—1930 年）

25 L TADORNA TADORNA

1993 POȘTA ROMÂNĂ

AIDA TASGIAN PHILIPOVICI

罗马尼亚（1993 年）

300 *Anas platyrhynchos* L.

PTT JUGOSLAVIJA WWF

2100 *Anas crecca* L.

ПТТ JУГОСЛАВИJА

WWF ZAŠTIĆENE ŽIVOTINJSKE VRSTE

2200 *Anas acuta* L.

PTT JUGOSLAVIJA WWF

2200 *Anas clypeata* L.

ПТТ JУГОСЛАВИJА

南斯拉夫（1989 年）

挪威（1981 年）

瑞典（1994—1995 年）

匈牙利（1980 年）

匈牙利（1987 年）

瑞典（2003 年）

匈牙利（1988 年）

英国（1993 年）

刚果（1991 年）　　　　　　　　　马达加斯加（1991 年）

马里（1995 年）

中非（2001 年）

澳大利亚（西澳大利亚）（1888 年）

澳大利亚（南极领地）
（1988 年）

澳大利亚（南极领地）
（1992—1993 年）

澳大利亚（科科斯群岛）
（1995 年）

澳大利亚（1991 年）

澳大利亚（1996 年）

澳大利亚
（1997 年）

澳大利亚（科科斯群岛）
（1999 年）

新西兰
（1985—1989 年）

新西兰
（1988—1995 年）

新西兰
（1995 年）

加拿大（1952 年）

加拿大（1955 年）

加拿大（1998 年）

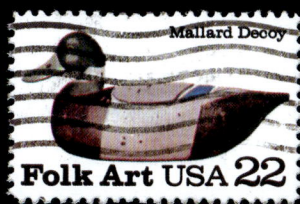

美国（1985 年）

企鹅

penguin

　　企鹅(penguin)属鸟类中的游禽。世界上有17种企鹅，南极企鹅占企鹅总数的87％，占南极海鸟总数的90％，故被视为南极的象征。

　　企鹅是古老的鸟类，在南极未披上冰甲之前就已经在那里定居了。随着南极气候的变化，企鹅练出了一套抵御严寒、与冰雪抗争的本领。企鹅全身长有层层叠叠的细小含油的羽毛，羽毛下还有柔软的绒毛，羽毛之间有一层空气，是很好的绝热层。在企鹅裸露的脚部和整个下肢皮肤内，相邻的动脉和静脉之间有一种逆流热交换系统，这种系统能使流回心脏的较冷的血液从流向血管末梢的血液中吸收热量，从而节约体热。再加上它们有一层厚厚的皮下脂肪，因此企鹅不惧怕南极的寒冷。企鹅的耐寒本领在鸟类中是首屈一指的，所以它们常常作为冷的标志被画在冷藏车上，在炎热的夏季给人带来凉爽感。

　　企鹅不会飞，擅长游泳。在陆地上行走时脚掌着地，身体直立，依靠尾巴和翅膀维持平衡，摇摇摆摆，显得笨拙，也颇显可爱。遇到紧急情况时它们会迅速卧倒，舒展两翅，在冰雪上匍匐前进。它们有时还在冰雪的悬崖、斜坡上，以尾和翅掌握方向迅速滑行。企鹅游泳速度惊人，成年企鹅的时速为20～30千米，比万吨巨轮的速度还要快，甚至可以超过速度最快的捕鲸船。企鹅跳水的本领可与世界跳水冠军相媲美，能从冰山或冰上腾空而起跃入水中，潜入水底，并能从水中跃出水面1～2米多高。因此人们称企鹅为"在水中飞行的鸟"。

　　为适应潜水生活，企鹅的翅特化成潜水时极有用的鳍状翅。企鹅的骨骼是沉重不充气的，胸骨发达并有龙骨突起，胸肌也很发达，它们的鳍翅因而可以很有力地划水。企鹅的身体呈完美的流线型，与海豚相似。它们的后肢只有3个趾，"大拇指"退化，趾间生有适于划水的蹼，游泳时企鹅的脚当作舵使用。企鹅的羽毛跟其他鸟类不同，羽轴偏宽，羽片狭窄，羽毛均匀而致密地着生于体表，如同鳞片一样。其身体结构使它潜水游泳时划一次水便能游得很远，耗费能量少，效率却很高。

　　企鹅以海洋浮游动物为食，也捕食乌贼和小鱼。每只企鹅平均每天能吃近800克食物。企鹅接近于南大洋食物链的顶端，而食物来源比较单一，一旦食物出现短缺，便很难找到替代品，因此其生存已受到严重威胁。

　　企鹅喜欢群栖，几百只、几千只、上万只甚至多达数十万只生活在一起。在南极大陆的冰架上，或南大洋的冰山和浮冰上，可以看到成群结队的企鹅聚

中国（1991 年）

中国（1996 年）

中国（2002 年）

朝鲜（1991 年）

朝鲜（1996 年）

日本（1971 年）

法国（1972 年）

捷克斯洛伐克（1991 年）

集的盛况。有时，它们排着队，面朝一个方向，好像一支训练有素的仪仗队在等待和欢迎远方来客；有时它们排成距离、间隔相等的方队，如同团体操表演的运动员，十分整齐壮观。

贼鸥和鞘嘴鸥是企鹅的天敌。贼鸥喜欢在企鹅聚居的上空徘徊，找机会弄走窝里的蛋或小企鹅。鞘嘴鸥吃企鹅蛋、企鹅尸体或者垂死的小企鹅。实际上，贼鸥和鞘嘴鸥对企鹅群体能起到淘汰弱者、清理环境的作用。

企鹅是一夫一妻制，一般每年繁殖 1 次。企鹅的繁殖是在极恶劣的气候条件下进行的，特别是帝企鹅的繁殖在秋冬季进行，因为冬季敌害少一些，能提高繁殖率。秋季海洋开始结冰时，帝企鹅开始择偶交配。雌帝企鹅每次只产 1 枚蛋，呈淡绿色，形状像鸭蛋，重约 0.5 千克。其他企鹅每次产 2 枚蛋，大小不等。

在动物世界中，雌性生儿育女是一种本能和天职，然而帝企鹅却打破常规，虽仍由雌企鹅产蛋，但却由雄企鹅孵蛋。雌企鹅产蛋后便把孵蛋的重任交给丈夫，自己去海里觅食恢复体力，因为它在怀孕期间差不多 1 个月没有进食了，精神和体力的消耗十分严重。孵蛋是一项艰巨的任务，因为正值南极冬季，气候严寒，风雪交加。为了避寒和挡风，几只雄帝企鹅常常并排而站，背朝来风，形成一堵挡风的墙。孵蛋时，雄帝企鹅用嘴将蛋小心翼翼地放在两脚的蹼上，靠腹部下端的一块皱皮把蛋盖起来。此后雄帝企鹅便弯着脖子，低着头，全神贯注地凝视着、保护着这颗掌上明珠，并停止进食，全靠消耗体内脂肪坚持 60 多天，直到幼帝企鹅孵出。这时父亲的体重已减轻了三分之一。

小帝企鹅出世后躲在父亲腹下的皱皮里，靠母亲留在它体内的卵黄作为营养维持生命。雌帝企鹅在近岸的海洋里吃饱喝足后才踏上返乡之路，寻找久别的丈夫和初生的孩子。凭着生物的本能和鸟类特有的磁性定位测向功能，雌帝企鹅能准确地回到它生儿育女的栖息地。凭着雄帝企鹅的叫声，雌帝企鹅能准确无误地认出丈夫和孩子。母亲给孩子的第一件礼物就是一顿美餐，它把嘴伸进小帝企鹅的嘴里，从自己的嗉囊里吐出一口又一口的流汁食物。从此，小企鹅就由雌雄企鹅轮流抚养。雄企鹅把小企鹅交给妻子之后，就跑到海里去觅食，此时它已筋疲力尽。

新生的小企鹅不到 1 个月就可以行走。为了外出觅食和保护后代，企鹅父母把小企鹅聚集到一起，委托给几只有经验的成年企鹅照管，形成了企鹅"幼儿园"，父母回来时再把孩子接回去。小企鹅长到 3 个月左右便跟随父母下海觅食、游泳。当南极的盛夏来临时，它们已长出丰满的羽毛，体力也充沛了，于是可脱离父母开始过自食其力的独立生活。

匈牙利（1987 年）

英国（马恩岛）（1983 年）

南非（1993 年）

南非（1998 年）

中非（2001 年）

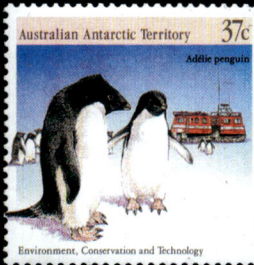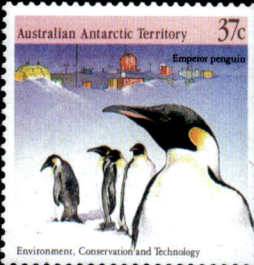

澳大利亚（南极领地）（1986 年）

澳大利亚（南极领地）（1992—1993 年）

澳大利亚（南极领地）（2000 年）

涉禽
wading bird

涉禽（wading bird）涵盖鸟类中的鹳形目、红鹳目、鹤形目、鸻形目，它们是适宜在沼泽、浅滩和水边等浅水和湿地生活的鸟，如鹭、鹳、鹤和鹬。

涉禽的共同特征是喙长、颈长、后肢长（被称为"三长"），翼较强大，蹼不发达，适于涉水行走，不适合游泳，休息时一只脚站立（如第104页上中国1992年发行的邮票的第2枚）。它们大都涉水觅食，从水底、污泥或地面捕食小鱼虾、昆虫、软体动物，也吃植物的根茎、种子、嫩芽等。

鹭和鹳是大中型涉禽。鹭和鹳的外形十分相像，但飞行时鹭类颈部常常弯曲成"S"形，而鹳类飞行时则颈部直伸，而且是头、颈、腿前后直伸。我国的朱鹮是世界最濒危的鸟类之一，目前只在我国陕西秦岭有分布。秃鹳是鹳类中体形最大、肉食性最强的成员（亚洲有秃鹳和大秃鹳两种，非洲只有一种，即非洲秃鹳），常和兀鹫争食腐肉，有时还会捕食红鹳等鸟类。非洲秃鹳的翼展是陆地鸟类中最大的。

鹤类体形大小不等，头部较小，头顶部皮肤裸露；嘴形长直，颈和腿也都很长；翅膀短圆而强韧；尾形短，但是尾巴上的覆羽很长。飞翔时头部、颈部和腿均伸直，双翅展直成"十"字形。鹤的后趾较小，位置也高于前面3趾，脚部特征使其无法握紧树枝站稳，多数不能栖树握枝而在地面生活。鹤的身姿挺秀，优雅潇洒，鸣声悦耳洪亮。全世界的鹤科种类共有15种，中国有9种，丹顶鹤、黑颈鹤、赤颈鹤、白头鹤和白鹤是国家一级保护动物；灰鹤、沙丘鹤、白枕鹤和蓑羽鹤是国家二级保护动物。白鹤翅膀上的小部分羽毛是黑色的，其他部分是纯白色的。我国鄱阳湖自然保护区是世界上最大的白鹤越冬地，是举世瞩目的白鹤王国。近年来在这里越冬的白鹤数量占全球白鹤总数的98％以上（第103页上的中国1986年发行的邮票就是白鹤）。

鹬类为中小型涉禽，种类繁多，人们常说的"鹬蚌相争，渔翁得利"的鹬就是指这种鸟类。它们广泛分布在世界各地，我国有38种。鹬类身体大多为沙土色，长足、短尾、翅膀尖，擅于飞翔。丘鹬能够以8千米的时速缓慢飞行，是世界上飞得最慢的鸟。如遇敌情，鹬类亲鸟有一种特殊的保护雏鸟的本领——它们会突然从巢中起飞，同时用两条腿夹住一只雏鸟把它一起带走并转移到一个安全地方后，亲鸟重又飞回巢内，用同样办法把巢中其他的雏鸟转移走，使它们免遭不测。

中国（1984 年）

中国（1986 年）

中国（1986 年）

中国（1992 年）

中国（1994 年）

中国（2018 年）

中国（香港）（1997 年）

中国（香港）（2006 年）

中国（台湾）（2002 年）

保育鳥類郵票－黑嘴端鳳頭燕鷗首日封 Conservation of Birds Postage Stamps-Chinese Crested Tern F.D.C.

中国（台湾）（2002 年）

朝鲜（1991 年）

朝鲜
（1996 年）

韩国
（1990—1996 年）

蒙古（1985 年）

蒙古（1990 年）

缅甸
（1964 年）

日本
（1980—1982 年）

印度
（1975—1988 年）

越南（1983 年）

俄罗斯（曾用国名苏联）
（1968 年）

俄罗斯（曾用国名苏联）
（1969 年）

俄罗斯（曾用国名苏联）
（1975 年）

俄罗斯（曾用国名苏联）（1982 年）

俄罗斯（曾用国名苏联）
（1984 年）

俄罗斯
（1997 年）

希腊（1979 年）

立陶宛（1991 年）

匈牙利（1977 年）

匈牙利（1980 年）

英国（1989 年）

利比里亚（1906 年）

吉布提（1991 年）

卢旺达（1965 年）

马拉维（1987 年）

马里（1995 年）

马达加斯加（1991 年）

南非（1998 年）

澳大利亚（1991 年）

古巴（1989 年）

古巴（1993 年）

美国（1981 年）

美国（1994 年）

墨西哥（2002—2003 年）

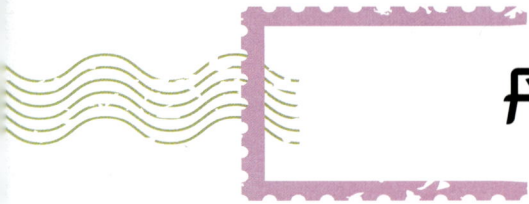

丹顶鹤
red-crowned crane

　　丹顶鹤（red-crowned crane）属于鸟类中的涉禽，是世界五大稀有鹤种之一，也是鹤类中最为著名，人们最为熟悉的一种。

　　丹顶鹤身体高大，素以"三长"著称——腿长、颈长、嘴长，体羽洁白，喉、颊和颈为暗褐色，头顶裸露部分为鲜红色，故而得名。

　　丹顶鹤鸣声高亢、洪亮，早在《诗经》中就有"鹤鸣九皋，声闻于天"之说。这是因为它的颈长，鸣管也长，是人类气管长度的 5 ~ 6 倍，而且末端卷成环状，盘曲于胸骨之间，就像一支弯曲的管乐器，因而发音时能引起强烈的共鸣，声音可以传到 5 千米以外。每当进入繁殖季节，年轻的丹顶鹤便曲颈向天，引吭高歌，以"对歌"方式寻找伴侣，有时还优雅起舞、翩然振翅，舞姿优美至极，而且还能有几十个、几百个动作连续变换。雌雄丹顶鹤一旦结为伴侣则偕老至终，如一方死亡，另一方也终生不再配对，被视为爱情忠贞的象征。求偶成功后，丹顶鹤"夫妇"立即搬草筑巢，然后雌鹤产卵孵化，雄鹤则一旁警卫，只有当雌鹤出巢觅食时，雄鹤才代替雌鹤孵卵。刚出壳的雏鹤形如小鸭，觅食时紧随双亲左右。为了培养锻炼雏鹤，幼鹤 1 岁时，双亲会忍痛将其赶走，让它自立。

　　丹顶鹤几乎没有天敌，它目光锐利，行动敏捷，能飞善走，加上强劲有力的双足和尖而长的嘴，连老鹰都让它三分。

　　丹顶鹤寿命长达 60 年以上，是一种少见的长寿飞禽。因其羽色朴素纯洁，体态飘逸雅致，鸣声超凡不俗，在中国古代神话和民间传说中被誉为"仙鹤"，成为高雅、长寿的象征，在诗词和国画中，丹顶鹤也常是文学家、艺术家称颂的主题。在河北满城汉墓出土的 2 100 年前的漆器上，就清晰地绘有丹顶鹤的图案。国人还有以《松鹤图》祝寿的习俗，即将长寿的丹顶鹤与长寿的松树画在一起，表达祝愿老人长寿的愿望。不过这只是人们表达良好祝愿的艺术形式，与实际情况并不相符，因为丹顶鹤生活在湿地，那里没有松树供它们栖息，而且它们一般也不能在树上栖息，《松鹤图》中的丹顶鹤已被人们神化了。

中国（1961 年）

中国（1992 年）

中国（1994 年）

中国（2000 年）

中国（2005 年）

日本（1962—1965 年）

日本（2001 年）

越南（1983 年）

立陶宛（1991 年）

匈牙利（1987 年）

美国（1994 年）

鸡

chicken

鸡（chicken）属于鸟纲鸡形目雉科，是人类饲养最普遍的家禽。

家鸡的品种繁多，最多曾达到 200 多种，现在大多已绝种，仅剩 70 多个品种。家鸡称得上是世界上数量最多的被驯化了的鸟，全球人工饲养的鸡的总数在 100 亿只以上。

家鸡的祖先是野生的原鸡，原鸡比家鸡瘦小。雄性原鸡的头和颈的羽毛狭长而尖，有些前面为深红色，向后转为金黄色，这些狭长的长羽从颈向后延伸，覆于背的前部，比家鸡更为华丽。家鸡和原鸡在行为上也有相似之处，如小原鸡受惊后会跑到母鸡翅膀下寻求保护。原鸡的适应能力、反应能力都强于家鸡。如遇敌害，家鸡只能靠双腿奔逃，原鸡则可以飞上大树避难。另外，原鸡繁殖能力比家鸡弱得多，每年仅产 1～2 窝蛋，每窝有蛋 5～12 枚，蛋颜色与家鸡同，但较小。

雉鸡又名野鸡、山鸡、环颈雉等。雄性羽色华丽，头顶黄铜色，两侧有白色眉纹，其颏、喉、后颈均为黑色，并有金属色的反光。颈下有一显著的白圈，所以又通称为环颈雉（见第 115 页中国 1997 年发行邮票中右边这张和第 120 页瑞典 1997 年发行邮票中的右边这张）。

人类养鸡的历史最早可以追溯到石器时代。在我国，长江流域的屈家岭人类遗址中曾发掘出陶鸡。这说明家鸡已普及于华夏了。波斯及美索不达米亚在公元前 600 年，英国在公元前 100 年开始饲养禽类。直到公元 1800 年前后，鸡肉和鸡蛋才成为大量生产的商品。

鸡与人的关系可谓源远流长。十二生肖中鸡是唯一的家禽，足以显示鸡在先民心中的位置。"马牛羊，鸡犬豕；此六畜，人所食。"鸡以"禽"的身份堂而皇之地走进"畜"的行列，也体现出了鸡对于人类的重要性。鸡是人类最佳的营养食物之一，肉质细嫩，味道鲜美，是各民族的美食，历来有"无鸡不成宴，无鸡不成欢"之说。鸡肉蛋白质含量较高，且容易被人体消化、吸收，具有滋补养身的作用，因此民间称其为"济世良药"。

鸡还是人们的"活时钟"。在没有发明钟表的古代，公鸡打鸣是人类的主要计时工具，特别是在先秦，人们有鸡鸣即起的习惯。各国的疆界、隘口也是闻鸡开关，这才发生了孟尝君计过秦关的趣事。甚至在如今的乡村，即

中国（1979 年）

中国（1989 年）

中国（1997 年）

使家家户户都有了手表、闹钟，但很多人仍然习惯以公鸡的打鸣作为起床劳作的时间信号。

鸡的司晨报晓被看成黎明将至的吉兆，因此鸡便成了划分阴阳两界，送走黑暗、迎接光明的"阳鸟""天鸡"，被当作吉祥的化身。我国古代特别重视鸡，称它为"五德之禽"。《韩诗外传》说，它头上有冠，是文德；足后有距能斗，是武德；遇敌敢拼，是勇德；有食物招呼同类，是仁德；守夜不失时，天明报晓，是信德。后来国人还借鸡的灵性和鸡的谐音（吉），赋予鸡很多积极向上的寓意，比如金鸡报晓、闻鸡起舞、吉祥如意、良辰吉日，等等。人们还把中国的版图比作雄鸡的模样，昂首挺胸，形神兼备，鞭策大家发奋图强，自强不息。

在妙笔生花的诗人笔下，鸡更是多姿多彩。仅一部《全唐诗》，标题中带有"鸡"字的就有48首，如杜甫有一首诗，篇名就是一个字：鸡。至于内容中含有"鸡"字的则多达992首。在这些诗里，既有清新淡雅的田园之咏，如白居易的"小宅里闾接，疏篱鸡犬通"；也有反映战时夫妻离别的悲凉之歌，如李廓的"长恨鸡鸣别时苦，不遣鸡栖近窗户"。到了现代，毛泽东的"一唱雄鸡天下白"石破天惊地宣告：长夜漫漫的神州天亮了，中国人从此站起来了！许多画家也都描绘过雄鸡引颈高歌的画卷，表现了人们对于光明的期盼和向往。此外，雄鸡在中外神话故事中也占有一席之地，甚至是创世神话中的主角。在北欧的古代神话中，宇宙由9个世界组成，最上层是诸神国度，诸神之父奥丁（Odin）就住在金碧辉煌的神殿里。神殿黄金屋顶上则有一只金冠公鸡，它专司报晓，负责叫醒诸神，开始一天新的生活。在家禽部族中，这些都成为鸡所独有的光荣。

鸡也具有重要的科研价值。2003年，科学家绘制出了原鸡的基因序列草图和遗传差异图谱，这是迄今完成的首张禽鸟类物种的基因组序列草图。科学家发现鸡有60％的基因与人类相同，并由此推断鸡和人类大约在3.1亿年前拥有共同的祖先。这些成果不仅可用于改良鸡的品种，改善鸡的健康状况，为人类提供更优良的食物，同时还可提高经济效益，另外在防治禽流感领域也有重要用途。

中国（台湾）（1993 年）

阿曼（1982 年）

朝鲜（1976 年）

吉尔吉斯斯坦（1992 年）

斯里兰卡（1979 年）

泰国（2003 年）

土耳其（1996 年）

印度（1979—1985 年）

保加利亚（1993 年）

德国（1979 年）

俄罗斯（曾用国名苏联）
（1975 年）

俄罗斯（曾用国名苏联）（1990 年）

法国（1962—1965 年）

芬兰（1975—1990 年）

捷克斯洛伐克（1987 年）

罗马尼亚（1985 年）

瑞典（1994—1995 年）

瑞典（1997 年）

匈牙利（1979 年）

英国（1977 年）

布基纳法索
（曾用国名上沃尔特）
（1981 年）

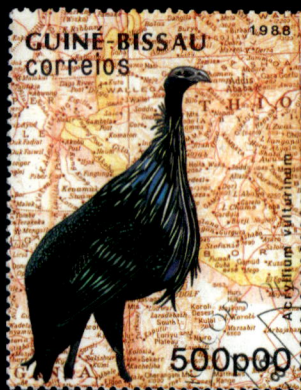

几内亚比绍（1988 年）

津巴布韦（1990 年）

利比里亚（1906 年）

马达加斯加（1995 年）

新西兰（1995 年）

美国（1998 年）

阿根廷（1960 年）

巴拉圭（1972 年）

孔雀
peacock

    孔雀（peacock）属鸟纲鸡形目雉科，大多分布于东南亚各国，常见的有绿孔雀和蓝孔雀。

    孔雀栖居于海拔 2 000 米以下开阔的稀树草原，或生长在灌木丛、针叶、阔叶树木等开阔的高原地带，尤其喜欢在溪河沿岸和树林空旷的地方活动。在我国云南南部以及在孟加拉、缅甸和印度尼西亚的爪哇等地分布的主要是绿孔雀，而印度、斯里兰卡等地分布的则主要是蓝孔雀。

    绿孔雀体形较大，雄鸟体羽翠蓝绿色，下背闪紫铜色光泽，头顶有一簇直立的羽冠；尾上覆羽延伸成尾屏（大约 150 根），长达 1 米以上，羽上有众多的由紫、蓝、黄、红色构成的大型眼状斑，开屏时显得异常艳丽、光彩夺目。雌鸟羽色以褐色为主，带绿色辉光，无尾屏。由于野生的绿孔雀数量稀少，在我国已被列为国家一级保护动物。

    蓝孔雀体形比绿孔雀小，头顶冠羽经常展开为扇状。雄鸟羽色以鲜艳的蓝色为主，脸部黄白色；雌鸟体羽以灰色为主。蓝孔雀被人类饲养的时间最长，在动物园和养殖场中数量也最多。

    白孔雀是蓝孔雀的变种，比较稀少，据说云南的少数民族都把能见到白孔雀视为吉祥如意的象征。

    孔雀擅奔走而不擅飞行，爪钝，擅挖土，嘴坚硬。遇敌害时，利用强健的双脚急速逃至密林中隐蔽。孔雀是杂食性动物，吃植物的种子、稻谷、芽苗、草籽等，也吃一些浆果和蟋蟀、蚱蜢、小蛾等。清晨和黄昏，孔雀先走到河边汲水、理羽梳妆，然后结对去觅食；中午天气炎热，便躲进树荫下休息；晚上藏在密枝浓叶中睡觉，一般有固定场所，如不被惊动，不轻易更换。雄孔雀一般选择在可以放置尾屏的大树上休息。

    每年四五月间，雄孔雀开始争艳比美，寻找伴侣。这时候它们的羽毛已焕然一新，不时用力摇晃身体，竖起美丽的尾羽并向前展开，像一把碧纱宫扇，并且紧紧地跟随在雌孔雀身边以博得它们的青睐。这是孔雀独特的求偶方式。孔雀开屏时展开的屏面约宽 3 米、高 1.5 米，五光十色的眼状斑在阳光的照射下，反射出耀眼夺目的光辉，非常好看。孔雀开屏时还常常伴以"回转""舞步""弄姿"等优美动作，并发出"唰唰"的声响，十分吸引人。当遇到天敌时，

中国（2004 年）

中国（2004 年）

孔雀也把这当作一种防御的手段，它通过突然开屏、抖动眼状斑来恐吓敌人。

孔雀常是一雄配数雌，3～5只一小群活动。雌孔雀每隔1～2日产卵1枚，每窝产卵4～8枚，卵为浅乳白色、棕色或乳黄色。由雌孔雀独自承担孵卵，孵化期约4周。幼雏出壳时全身长有黄褐色绒毛。雌性幼孔雀长到20～24个月便能产卵，而雄性幼孔雀要长出漂亮的尾屏需要两年半的时间。孔雀的寿命为20～25年。

孔雀体格高大，形貌端庄，举止优雅，显示为一种高贵的动物。雄孔雀通身翡翠般的羽毛华丽动人，历来被视为十分珍贵的装饰品。我国清代将雄孔雀尾羽与褐马鸡尾羽配合制成"花翎"，缀于官帽上，并以翎眼多寡区别官阶等级。

中国人的神鸟是凤凰，其原形素材即来自孔雀。人们常把孔雀看成是吉祥、幸福、爱情的象征，很多文学、绘画、音乐、舞蹈、影视等艺术作品和民间传说都借孔雀表达人类的美好情感。其中流传至今最著名的文学作品要数《孔雀东南飞》了，它是保存下来的我国最早的一首长篇叙事诗。

孔雀的举止动作宛若舞姿，民间模仿其动作编成"孔雀舞"，塑造孔雀"林中窥看""漫步森林""饮泉戏水"和"追逐嬉戏"等神态和情景，令人陶醉。

PAVO CRISTATUS

朝鮮(1990 年)

06630

ຕະກງ ບ້ານຍ   Peacock

ໄປສະນີລາວ   POSTE LAO
໑໐໐໐໐   10000K

老挝(2000 年)

马来西亚（拉布安）
（1897—1900 年）

缅甸（1938—1940 年）

Pavo muticus Linné

MAGYAR POSTA 60f

匈牙利（1977 年）

鸽
pigeon

鸽（pigeon）属鸟纲鸽形目鸠鸽科，俗称鸽子。我们常见的鸽子又称家鸽。

鸽子的祖先是野生原鸽。早在几万年前，野鸽成群结队地飞翔，在海岸悬岩和岩洞峭壁筑巢、栖息、繁衍后代。由于鸽子具有本能的爱巢欲，归巢性强，同时又有野外觅食的能力，久而久之被人类所认识，于是人们就从无意识到有意识地把野鸽作为家禽饲养。据有关史料记载，早在5 000年前的埃及和希腊，人们就已把野生鸽驯养为家鸽了，埃及人还用鸽子传递书信。我国也是养鸽古国，隋唐时期，我国南方广州等地也有人用鸽子通信。

家鸽经过长期的培育和筛选，分食用鸽、玩赏鸽、竞翔鸽、军鸽和实验鸽等多种。除了家鸽以外，大量的鸽子为野生种类。野鸽主要分树栖和岩栖两类，有林鸽、岩鸽、雪鸽、斑鸠等多种。

鸽子的头部略呈球形，躯干纺锤形，体形丰满；喙短，喙基部较柔软，具蜡膜。成年鸽有矫健的双翼，翅长，飞行肌肉发达，所以飞行迅速而且有力。鸽子的尾部很短，但覆盖其上的尾羽较大，能控制飞行方向。鸽子不仅可以在天空中飞翔，也可以在陆地上行走，其行走的姿态似高视阔步，并伴有点头动作。

鸽子的眼睛在某些方面为人眼所不及，它们能发现在很远的距离以外飞翔的鹰，因此，人们模拟鸽眼的结构制成了"电子鸽眼"警戒雷达，安放在国境线上或飞机场边缘。这种"电子鸽眼"只监视飞进来的飞机、导弹等，而对飞出去的却"视而不见"。此外，"电子鸽眼"还被应用于电子计算机系统，使计算机能自动消去对解题无关的数据。

无论是野生的还是家养的，所有鸽子都具有一些共同的品质：爱好群居，依恋同类，习性温和。雌雄终生配对，互相忠诚，平等相待，可谓对爱情忠贞不贰；若雌雄中一方死亡，另一方则会单独生活很久以后才接受新的配偶。雌鸽一般每次产2枚蛋，双亲轮流孵蛋，雌鸽夜间，雄鸽白天。经过14～19天的孵化雏鸽便会出壳，但此时还未睁开双眼，羽毛也还稀少，因而不能飞行，不能独立生活。这时父母共同呵护雏鸽，特别要由母鸽分

中国（1950 年）

中国（1951 年）

中国（1952 年）

泌"鸽乳"喂养雏鸽一段时间，雏鸽会将喙伸入母鸽嗉囊中去吸吮其母分泌的"鸽乳"，之后母鸽再用食物喂养雏鸽，因此雏鸽是晚成雏。

鸽子的归巢能力很强，一只幼鸽在一个地方长大后，无论飞到多远的地方，它仍然能够返回故乡，并从许多鸟巢中认出自己的家。对于鸽子究竟依靠什么方法识别归巢方向，科学家们做了大量的研究，证实鸽子可能根据地球磁场和太阳位置导航。有实验表明，若在鸽子头顶和脖子上绕几匝线圈，以小电池供电，鸽子头部就会产生一个均匀的附加磁场，使电流顺时针方向流动。阴天放飞的鸽子会向四面八方乱飞，由此可以证明地球磁场是鸽子的导航罗盘。科学家们通过观察和实验还发现，阴天飞行的鸽子如果遇到功率强大的无线电发射台，立即就会晕头转向，失去正确的航向而围绕电台盘旋，只有等到天线电波中断，它们才能逃脱这无形的网络而重新辨明方向继续前进；而在晴天，附加磁场对鸽子没有影响，它们依然能定向飞行，说明地球磁场并不是它唯一的导航罗盘。原来鸽子能检测偏振光，在晴天它能根据太阳的位置选择特定的飞行方向，并由体内生物钟对太阳的移动进行相应较正。

自古以来，人们就对鸽子喜爱有加。过去鸽子曾被人们看成是爱情的使者。在古巴比伦，鸽子乃是法力无边的女神伊斯塔身边的神鸟，在生活中人们则把少女称为"爱情之鸽"（见第 133 页美国 1994 年发行的有"LOVE"字样的邮票）。

鸽子也被世人公认为是和平的象征。1949 年，为纪念世界和平大会的召开，西班牙著名艺术家毕加索欣然挥笔作画：在一位美丽少女的头边有一只嘴里衔着橄榄枝的飞鸽。智利的著名诗人聂鲁达把这只鸽称为"和平鸽"，并作诗一首：

> 毕加索的和平鸽展开翅膀，
> 翱翔在世界的每一个地方，
> 任何力量也无法
> 阻止它的飞翔。

从此，鸽子就作为和平的使者出现在世界各地，也出现在许多国家的邮票上。人们希望通过鸽子表达对和平的期望。我国于 1950 年、1951 年和 1953 年发行的《保卫世界和平》邮票，1952 年发行的《庆祝亚洲及太平洋地区和平会议》邮票，画面都是毕加索所画的不同形态的和平鸽。

中国（1953 年）

中国（1986 年）

中国（2001 年）

中国人民抗日战争暨
世界反法西斯战争胜利六十周年

邮政编码：

中国（2005 年）

首 日 封 F.D.C.

斯里兰卡（1983 年）

德国
（1947—1948 年）

俄罗斯（曾用国名苏联）
（1990 年）

匈牙利（1974 年）

英国（大不列颠）
（1946 年）

南非（1966 年）

澳大利亚（圣诞岛）
（2002 年）

古巴（1985 年）

美国（1994 年）

美国（1994 年）

联合国（1994 年）

鹰
eagle

鹰（eagle）是鸟纲猛禽类隼形目的通称，包括鹫、鸢、雕、隼等，全世界有 190 多种。我国已将隼形目鸟类都列为国家重点保护野生动物。

鹰是以小动物为食的猛禽，捕捉老鼠、蛇、野兔或小鸟，甚至捕捉山羊、绵羊和小鹿。雌鹰体形往往比雄鹰大。鹰在鸟类中处于食物链的顶端，它们能消灭一些对人类有害的动物，因此具有重要的生态意义。

鹰在白天活动，视力敏锐，即使在千米以上的高空翱翔，也能把地面上猎物的一举一动看得清清楚楚，是大名鼎鼎的"千里眼"。鹰的体态雄伟，性情凶猛，喙弯曲锐利，有一双强壮的脚，脚爪有钩，不但善于捕捉动物，而且能撕裂动物的皮肉。大型鹰用其两脚可以将一头小鹿的脊椎骨折断，甚至可以携带一头几十千克重的羊飞行。被人们视为"鸟中之王"。

鹰的习性因种类不同而有很多差异。美洲鹫是一种体形巨大的鹰，它们自己一般不杀死动物，专食兽类的尸体腐肉。它们能轻易地飞越海拔 7 000 米以上的山脊，最高能达到 8 500 米。因此它们不仅是世界上最大的飞鸟，还是世界上飞得最高的鸟类之一，是动物中的飞高能手。

秃鹫又称为雕或老雕，其头和颈部光秃，双眼凸出，又名"座山雕""狗头鹫"。秃鹫贪吃兽类的尸体腐肉，只要死物能满足食欲，它们就不与活物争斗，食物不够时，它们也会千方百计去掠夺或捕食小动物。秃鹫爪较弱，飞行也显笨拙，站立时不像其他鹰类那样雄伟，而呈半驼背状，像是点头哈腰的卑鄙姿态。秃鹫在我国有较广的分布。

黑鸢俗称老鹰，体长约 65 厘米，上体羽毛暗褐杂以棕白色，耳羽黑褐色，又称"黑耳鸢"，我国各省皆有。老鹰一般独来独往，主食啮齿动物，多在高大的树上筑巢，常见于城镇、乡村附近。

鹗又称鱼鹰，通常在江河上空盘旋，一旦发现游鱼，就像利箭似地直插水面捉拿。人们利用鱼鹰的这一特长对它们加以驯养，帮助人们捕鱼。

鹰的形象威武，飞行起来尤其壮观，所以自古以来就被许多部落和国

中国（1987 年）

中国（2014 年）

阿联酋（1990 年）

阿联酋（2007 年）

家作为勇猛、权力、自由和独立的象征。古埃及托勒密王朝的国玺和罗马帝国军队的标志都采用过鹰的形象，中国古代龙的形象也借用了鹰的脚爪。目前仍然有许多国家的国旗或国徽中应用了鹰的图案，例如，阿尔巴尼亚的国旗、俄罗斯的国徽都用了双头鹰的图案，美国以白头海雕为国鸟。

阿塞拜疆（1994 年）

朝鲜（1992 年）

吉尔吉斯斯坦（1992 年）

蒙古（1985 年）

波兰（1919 年）

德国（1991 年）

俄罗斯（曾用国名苏联）（1982 年）

俄罗斯（1993 年）

捷克斯洛伐克（1983 年）

捷克斯洛伐克（1989 年）

罗马尼亚（1991 年）

罗马尼亚（1992 年）

罗马尼亚（1993 年）

希腊（1912 年）

匈牙利（1983 年）

埃及（1972 年）

博茨瓦纳（1967 年）

刚果（1993 年）

刚果（1993 年）

马达加斯加（曾用国名马尔加什）
（1982 年）

马达加斯加（1991 年）

利比里亚（1918 年）

南非（1998 年）

南非（1998 年）

坦桑尼亚（1994 年）

赞比亚（1975 年）

澳大利亚（1998 年）

澳大利亚（2001 年）

美国（1970 年）

墨西哥（2002—2003 年）

阿根廷（1960 年）

猫头鹰
owl

　　猫头鹰（owl）属夜行性猛禽类的鸮形目，称为枭。

　　猫头鹰的突出特点是头大面圆，两只眼睛又大又圆，清澈明亮，并且直直地朝向前方。眼球呈管状，像一架微型望远镜。猫头鹰周身的羽毛大多为褐色，散缀细斑和横纹，面部羽毛排列成"面盘"状，看起来有点像猫。其喙和爪都强壮有力，尤其是爪弯曲呈钩状，似鹰爪，因而俗称"猫头鹰"。鹰被诗人誉为"鸟中之王"，猫头鹰之凶猛似不亚于鹰，但它只能算是夜行鸟类之王。

　　猫头鹰惧怕阳光，只在夜间活动。它们可以凭借自己敏锐的视觉和听觉在黑夜中捕猎。猫头鹰眼睛的视网膜上有极其丰富的柱状细胞，能感受外界极微弱的光亮。猫头鹰的听觉也非常灵敏，它的左右耳不对称，左耳道明显比右耳道宽阔，而且左耳有很发达的耳鼓；硕大的头部使两耳之间有较大距离，增强了它对声波的分辨率。猫头鹰在黑暗的环境中搜索猎物时，对声音的第一个反应是转头，以使声波传到左右耳的时间产生差异。当这种时间差增加到 30 微秒以上时，猫头鹰即可准确分辨声源的方位。一旦判断出猎物的方位，它便迅速出击。由于它的羽毛非常柔软，翅膀羽毛上有天鹅绒般密生的羽绒，因而飞行时产生的声波频率很小，不易被别的动物察觉。无声的出击使猫头鹰对猎物的进攻更具有"闪电战"的效果。

　　由于猫头鹰总是在夜间活动，所以也被称为"夜猫子"（night owl）。对于那些爱在夜间工作或者爱熬夜的人，人们也戏称为"夜猫子"。在英语国家，有时把夜行火车称为"owltrain"，即猫头鹰火车。

　　由于猫头鹰捕获猎物时很机敏，它被人们视为"聪明"的象征，在英语中有这样的习语：wise as an owl（聪明得像猫头鹰）；猫头鹰虽然动作灵巧，但整体形象，特别是面部表情也给人以"傻呆呆"的感觉和印象，所以有时人们也说：stupid as an owl（笨得像猫头鹰）！

　　猫头鹰捕食啮齿动物（主要是鼠类）、鸟、蛇、蜥蜴、蛤蟆，甚至还有金龟子、蝗虫、蝼蛄等害虫，尤其喜欢吃田鼠。它们擅长捕猎，好像从来不知疲倦。猫头鹰捕食后会把所猎获的食物整个吞下去，将肉消化后，再把毛皮、骨头成团地吐出来。

　　据报道，猫头鹰食性虽杂，但所吃食物中 97% 都是鼠类。有科学家统计，

中国（1995 年）

中国（香港）（2006 年）

朝鲜（2001 年）

一只老鼠一个夏季要糟蹋约 1 千克粮食，而一只猫头鹰一个夏季能捕食上千只老鼠，也就是说它能为人类保护近 1 吨的粮食，抵得上几个人一年的口粮！

猫头鹰捕食害虫，保护粮食，本该受到人类的高度赞扬，但长期以来，人们并没有认识到它是益鸟。相反，由于猫头鹰在深夜发出的叫声凄厉恐怖，在黑夜里令人感到毛骨悚然，所以又被一些人视为不祥之鸟，甚至被叫作"报丧鸟"，有人甚至把遭遇某些不幸都归罪于它，以至于造成了人类对猫头鹰的随意捕杀。

猫头鹰不愿在树上筑巢，通常栖息在山上的岩洞或被遗弃的塔楼内，有时会停栖在孤零零的教堂或古堡的顶端，比较容易遭到捕杀。猫头鹰的自然死亡率本来也比较高，如果再吃了被人们毒死的老鼠或被杀虫剂杀死的昆虫，其死亡率就更高；因此，猫头鹰这种益鸟的生命力是脆弱的，它们非常需要人类的保护。

猫头鹰是全世界现存鸟类中分布最广的一种鸟，除北极地区外，世界各地都可以看到它的踪影。希腊的雅典盛产猫头鹰，希腊神话中雅典城守护神的圣鸟就是猫头鹰，雅典钱币上的图案也曾出现过猫头鹰的图案。人们编过这样一个歇后语：把猫头鹰运到雅典去（bring owls to Athens）——"多此一举（superfluous action）"或"徒劳无益（futility）"。雅典许多旅游景点的商店都出售大大小小的猫头鹰手工品。

猫头鹰的种类较多，共有 180 多种，约有 26 种分布在我国，其中以长耳鸮、短耳鸮最常见，均属于国家二级保护动物。

日本（1979 年）

俄罗斯（曾用国名苏联）（1979 年）

俄罗斯（曾用国名苏联）（1990 年）

捷克斯洛伐克（1986 年）

卢森堡（1999 年）

瑞典（1989 年）

匈牙利（1962 年）

几内亚比绍（1988 年）

南非（1998 年）

中非（2001 年）

146

澳大利亚（1996 年）

澳大利亚（1997 年）

澳大利亚（2002 年）

美国（1978 年）

联合国（1994 年）

攀禽
scansorial bird

　　攀禽（scansorial bird）涵盖鸟类中鹦形目、鹃形目、夜鹰目、雨燕目、鼠鸟目、咬鹃目、佛法僧目、䴕形目的鸟，其中有人们所熟悉的鹦鹉、夜鹰、杜鹃、雨燕、翠鸟、啄木鸟等。

　　攀禽的特点是喙强直而粗壮，足短而强健，趾有力，擅长攀援生活。有许多种类除了双足之外还有第三支撑，如啄木鸟的尾羽羽轴、鹦鹉的喙等均强韧有力，可以作为攀援停歇时的辅助支撑。攀禽的翅多为圆形，这种翅形决定了攀禽大多不擅飞行，尤其不擅长距离、高速度的飞行，因而大多数攀禽是没有迁徙行为的留鸟。但也有例外，雨燕目和部分鹃形鸟类的翅形大，擅飞行，例如，雨燕就以高超的飞行技巧和高速飞行而著称，是有迁徙行为的候鸟。

　　攀禽的食性差异很大，夜鹰目、雨燕目鸟类主要捕食飞行中的昆虫，䴕形目、鹃形目鸟类主要取食栖身于树木中的昆虫幼虫，鹦形目、佛法僧目的一些鸟类主要取食植物的果实和种子，而佛法僧目翠鸟科的鸟类则以鱼类为食。由于食性不同，攀禽的栖息地也有所不同，有树木的平原、山地、丘陵或者悬崖附近都是各种攀禽的活动地，而翠鸟则活动于水域附近。攀禽的喙也因其食性不同而呈现出多样性，啄木鸟的喙长且强壮有力，可以轻松啄开木质的纤维结构；犀鸟有巨大而华丽的喙，不仅是取食的工具，更是显美炫耀的资本；翠鸟的喙长而相对柔软，适宜于在水中捕捉鱼类……

　　攀禽大都在树洞、洞穴、岩隙中营巢繁殖，啄木鸟在树干上挖掘树洞，或者利用现有的树洞营巢；翠鸟则在土壁上挖掘洞穴繁殖，雨燕会在岩壁上或建筑物的墙壁缝隙中筑巢；鹃形目鸟类不会营巢，多有占巢寄生的行为。

　　人类与攀禽的关系比较密切，其中一些鸟因体形小巧、羽毛艳丽而早被人类驯化，作为宠物饲养，供人们欣赏和取乐。鸟巢的形象受到了建筑师的青睐，2008年北京奥运会特地建造了一座新颖的鸟巢形的比赛场所，为世人所瞩目，现在人们把它简称为"鸟巢"。

中国（1982 年）

中国（1982 年）

卡塔尔（1972 年）

朝鲜（1978 年）

马来西亚（北婆罗洲）
（1909—1922 年）

雨燕目中的金丝燕用唾液混合苔藓、海藻等物，在悬崖上营建的巢在南亚地区被人们视为名贵的滋补品，称作燕窝。种种诱人的利益驱使人们过度地捕猎鸟类，无节制地割取鸟巢，人为地截断了鸟类的繁殖链条，严重威胁了鸟类的生存，甚至造成部分鸟类灭绝。

绚甸（1964 年）

日本（1992—1994 年）

日本（1995 年）

保加利亚（1988 年）

俄罗斯（曾用国名苏联）（1979 年）

瑞典（1994 年）

匈牙利（1985 年）

博茨瓦纳（1997 年）

GUINE-BISSAU
correios
1988
50p00
Upupa epops

几内亚比绍（1988 年）

REPOBLIKA
DEMOKRATIKA
MALAGASY
60 FMG
12 ARIARY
PAOSITRA 1991
Cuculus c

REPOBLIKA
DEMOKRATIKA
MALAGASY
500 FMG
100 ARIARY
PAOSITRA 1991
Coracias garrulus

马达加斯加（1991 年）

RSA 21c
C G Davies   Tauraco corythaix   C1-4   1990

南非（1990 年）

45c
AUSTRALIA

澳大利亚（1996 年）

R3
SOUTH Africa
R5
SOUTH Africa

南非（2000 年）

AUSTRALIA
45c
budgerigar

澳大利亚（2001 年）

152

斐济（1971—1972 年）

新西兰（1985—1989 年）

古巴（1989 年）

危地马拉（1879 年）

危地马拉（1881 年）

阿根廷（1960 年）

鹦鹉

parrot

鹦鹉（parrot）是鸟纲鹦形目凤头鹦鹉科和鹦鹉科攀禽的统称。它们主要栖息在热带区域，只有少数飞到北方和南方的温带地区，南美洲和澳大利亚鹦鹉种类最多。

鹦鹉体态各异，羽色艳丽，有华贵高雅的粉红凤头鹦鹉和葵花凤头鹦鹉、雄武多姿的金刚鹦鹉、涂了胭脂似的玄凤鸡尾鹦鹉、五彩缤纷的亚马孙鹦鹉、小巧玲珑的虎皮鹦鹉、色彩斑斓的折衷鹦鹉、形状如鸽的非洲灰鹦鹉等。体形最大的鹦鹉身长可达 1 米，但那主要归功于它那很长的尾巴；体形最小的鹦鹉身长仅 10 厘米左右。鹦鹉的羽色主要是绿色，但也有例外。一些美洲鹦鹉以蓝色和黄色为主。有些鹦鹉的翅膀上有红色。色彩最鲜艳的当数短尾鹦鹉，它们以红色和绿色为主色，配以蓝色、紫色、棕色、黄色和黑色。美冠鹦鹉基本上是白色和黑色，偶尔也有黄色、红色和桃色。

鹦鹉是典型的攀禽，它们的脚趾两个朝前，两个朝后，走起路来样子很怪，但爬起树来是行家，爬树时它们的喙往往会助一臂之力。鹦鹉喙坚硬，上喙弯曲有勾，形如猛禽，主要以浆果、坚果、种子、花蜜为食；舌头厚而强劲有力，能够巧妙地食用硬壳果。以食花蜜为主的短尾鹦鹉舌头很长，舌尖像刷子。鹦鹉一般由配偶和家族形成小群，栖息在林间树枝上，以树洞、石洞为巢，也有的鹦鹉会在树枝上筑巢。

鹦鹉以其美丽无比的羽毛、善学人语的技能受到人们的喜爱，也成为人们的好伙伴。从古到今，鹦鹉学舌的出色本领引起人们的莫大兴趣。为什么鹦鹉擅于学人说话呢？科学家研究认为，鹦鹉舌根发达，舌尖细长柔软、富有弹性而且灵活，发音器官（即鸣管）发达，鸣肌（发音器官周围附生的特殊肌肉）也很发达，因此可以发出准确清晰的音调，加上它们模仿力和记忆力较强，经过反复训练就能够学人说话和唱歌。我国 3 000 多年前的《礼记》一书中对于"鹦鹉能言"已有记载，唐代诗人白居易更是称赞鹦鹉"鸟语人言无不通"。

那么，鹦鹉又是如何学人说话的呢？大多数科学家认为鹦鹉学舌仅仅是一种仿效行为，也叫效鸣，是一种条件反射。鹦鹉的大脑不太发达，鸣叫的中枢位于比较低级的纹状体上，所以它们不可能懂得人类语言的含义，也不可能

菲律宾（1984 年）

马来西亚（北婆罗洲）
（1909—1922 年）

日本（1998 年）

运用这些语言。然而，美国普渡大学的女科学家爱伦·皮普伯格训练的一只非洲红尾灰鹦鹉却聪明伶俐，能言善辩，在没有任何暗示的情况下，它能分辨出一系列物品并逐一说出其名称。由于这只鹦鹉说话是受脑支配的，因而引起了一些生物学家们的兴趣。还有一项历时30年的科学研究表明，鹦鹉的智力水平与黑猩猩或海豚类似，相当于人类幼儿水平，因此也有人认为鹦鹉说话的技能可能并非一般，它们也许是仅次于猩猩和海豚而能与人类进行有意识交谈的一类动物。

鹦鹉的听觉也十分灵敏，经过驯化后还能够报警。据说第一次世界大战期间，法国军队经常遭受德国飞机的轰炸，当时雷达尚未发明，法军就专门训练了一批鹦鹉，让它们担当防空警戒任务。当德军飞机从远处飞来，人们还未觉察时，这批鹦鹉就能敏锐地听到微弱的飞机发动机声并立即发出警报，使法国人及时避开空袭。

据美国鸟类学家试验证明，鹦鹉的视觉也很敏锐，而且不是色盲。美国有关部门用特殊驯化后的鹦鹉为盲人引路。这种鹦鹉可以分辨红绿灯，能根据交通信号灯的颜色，引导盲人"停步"或"向前"，许多盲人夸它们比"导盲犬"或"电子盲人手杖"更为方便。

人们喜爱鹦鹉，饲养和驯化鹦鹉的历史非常悠久。人们还为鹦鹉发行邮票、建立网站、设定保护区，很多文学和艺术作品中也都有鹦鹉的身影，有的甚至把它们作为智慧的象征。位于加勒比海的多米尼加共和国把鹦鹉奉为国鸟，其国徽上是一只名叫"西色罗"的金刚鹦鹉，成为这个中美洲岛国独立自强的象征。

由于人们的大量捕捉，许多鹦鹉脱离了它们原来的生活环境，面临绝种的危险。现在每年仍有几千只鹦鹉被非法或合法地带进欧洲和北美，其中许多在路途中就已死去。目前保护鹦鹉最好的办法就是除了现有的笼鸟之外，不再捕捉野生的鹦鹉来饲养。为此，许多国家都严格限制捕捉、输出和输入鹦鹉。分布在我国中部和南部地区的红领绿鹦鹉、绯胸鹦鹉、大紫胸鹦鹉、花头鹦鹉、灰头鹦鹉、长尾鹦鹉、短尾鹦鹉等的数量也很稀少，已被列为国家二级保护动物。

新加坡（2007 年）

俄罗斯（曾用国名苏联）
（1984 年）

马达加斯加（1993 年）

REPOBLIKA DEMOKRATIKA MALAGASY

PAOSITRA 1992

ARA MILITARIS

2000 FMG

ARIARY 400

TANANARIVE
24 - 2.
1993
PHILATELIE

马达加斯加（1993 年）

澳大利亚（1998 年）

澳大利亚（2005 年）

斐济（1971—1972 年）

玻利维亚（1981 年）

鸣禽
songbird

　　鸣禽（songbird）是指鸟纲雀形目鸟类。鸣禽种类多、数量大，约占世界鸟类的五分之三；其外形和大小的差异很大，小的如柳莺、绣眼鸟、山雀，大的如乌鸦、喜鹊等。

　　鸣禽的主要特征是具有婉转动听的歌喉，复杂的鸣管和鸣肌使它们擅长鸣叫。它们之间能用高度模式化的、重复的声音信号进行交流。鸣禽的鸣声有明显的性别差异和季节性变化。在成年个体中，鸣叫是雄性的标志性行为，繁殖季节时雄性的鸣声最为婉转和响亮，而雌性则很少鸣叫或完全不鸣叫。这种鸣叫行为的性别差异是有物质基础的。在鸣禽的发育过程中，发育早期的幼鸟并不显示出性别差异；随着个体发育的进行，雌雄之间神经结构的性别差异逐渐表现出来，与此同时，鸣叫行为就产生了相应的分化。鸣叫行为的季节可塑性主要缘于某些发声控制核团的体积在繁殖季节到来前急剧增大，而在非繁殖季节则明显缩小，与之同步的便是鸣禽的鸣唱声谱和学习能力也出现了季节性的变化。

　　鸟类个体鸣叫行为的发展过程与人类个体学习语言的过程很相似，都是后天习得的复杂行为。自20世纪80年代以来，鸣禽已经成为科学家研究脑—行为关系和学习—记忆的神经生物学机制的理想模型，其相关的研究成果极大地促进了人类对高等脊椎动物中枢神经系统功能的理解。

　　鸣禽所筑的巢结构相当精巧。如云雀、百灵多以细草或动物的毛发编织成皿状巢，巢的边缘与地表平齐；而柳莺、麻雀等常用树叶、草茎、草根、苔藓等编织成球状巢。

　　鸣禽是人类的好朋友，它们大多是食虫鸟类，能捕捉大量危害农业生产的害虫。例如，一只北京雨燕在育雏期间一个夏天能吃掉20多万只蚊虫。同时，鸣禽还以其美妙悦耳的歌声为人类的生活增添了生机和乐趣。但进入20世纪以后，人们曾过度地向树木喷洒"DDT"等化学药剂，这虽然能杀死害虫，但也吓跑和伤害了人类的好朋友——会唱歌的鸟类。人们哀叹：春天的鸟儿到

中国（1982 年）

中国（2002 年）

中国（2004 年）　　　　中国（2006 年）

中国（香港）（2006 年）

中国（2016 年）　　　　中国（2017 年）

哪里去了，为什么留下了一片寂静？美国科学家 R. 卡逊的著作《寂静的春天》用科学的事实和论证回答了这个问题，告诉人们，要正视由于人类活动给鸟类等生物造成的严重影响。1962 年这部著作的出版，标志着人类关心和研究生态环境问题的开始。现在的城市建设中人们已经考虑为鸟儿保留或创建栖息的家园。

朝鲜（1992 年）

韩国（1996 年）

卡塔尔（1972 年）

黎巴嫩（1965 年）

蒙古（1985 年）

日本（1992—1994 年）

日本（1995—1998 年）　　日本（1997 年）

斯里兰卡（1987 年）

斯里兰卡（1993 年）

泰国（1975 年）

泰国（1980 年）

新加坡（1998 年）

叙利亚（1995 年）

以色列（1992—1998 年）

越南（1973 年）

越南（1981 年）

爱尔兰（2002 年）

俄罗斯（曾用国名苏联）（1979 年）

英国（1966 年）

英国（1980 年）

博茨瓦纳（1967 年）

肯尼亚（1993—1999 年）

马拉维（1988 年）

南非（1969 年）

纳米比亚（1997 年）

南非（1973 年）

南非（1993 年）　　　　　　　　　　　南非（1995 年）

坦桑尼亚（1992 年）

赞比亚
（1987—1988 年）

澳大利亚（新南威尔士）
（1888—1889 年）

澳大利亚（1978 年）

澳大利亚（1979 年）

澳大利亚
（1980 年）

澳大利亚（1990 年）

澳大利亚（圣诞岛）
（1997 年）

澳大利亚（1997 年）

澳大利亚（2001 年）

澳大利亚（2003 年）

澳大利亚（2005 年）

斐济（1971—1972 年）

斐济（1971—1972 年）

斐济（1979 年）

新西兰（1898 年）

巴拿马（1981 年）

多米尼加（1979 年）

CANADA

5

GRAY JAY *Perisoreus canadensis*
GEAI GRIS

加拿大（1968 年）

Canada **49**

Ruby-crowned Kinglet
Roitelet à couronne rubis

Canada **49**

Boreal Chickadee
Mésange à tête brune

Canada **49**

White-winged Crossbill
Bec-croisé bifasclé

Canada **49**

Bohemian Waxwing
Jaseur boréal

加拿大（2004 年）

22 USA

Flag Day

JUNE 14

美国（1987 年）

30
USA   Cardinal

美国（1990—1995 年）

USA **1¢**

American Kestrel

美国（1990—1995 年）

USA
32

Green-throated Carib

USA
32

Crested Honeycreeper

USA
32

Cardinal Honeyeater

美国（1998 年）

ARGENTINA

50 +20 C

TIJERETA *MUSCIVORA*
CORREOS

阿根廷（1960 年）

袋鼠
kangaroo

袋鼠（kangaroo）是有袋类哺乳动物，属哺乳纲袋鼠目袋鼠科，约有 50 个品种，主要产于澳大利亚。

袋鼠食草为生，吃多种植物，有的还吃真菌类。它们白天休息，大多在夜间活动，也有些在清晨或傍晚活动。不同种类的袋鼠在各种不同的自然环境中生活，从凉性气候的雨林到沙漠平原、热带地区。大多数袋鼠喜欢以树、洞穴和岩石裂缝作为遮蔽物。袋鼠通常以群居为主，有时可多达上百只。

所有袋鼠不管体积大小，其共同点是：前腿短小，长长的后腿强健有力，从它们用后腿跳跃的方式就容易将袋鼠与其他动物相区分。袋鼠的跳跃能力特别强，最高可跳到 4 米，最远可跳至 13 米，可以说是跳得最高最远的哺乳动物。它们以跳代跑，全速前进的时速可达 60 千米。袋鼠在跳跃过程中用尾巴进行平衡，当它们缓慢走动时，尾巴则可作为"第五条腿"。

雌性袋鼠在腹部长有一个向前开口的育儿袋，育儿袋里有 4 个乳头。袋鼠无固定繁殖季节，孕期约 1 个月，1 岁半性成熟，寿命可达 15 年。袋鼠妈妈产出小袋鼠后，小袋鼠能从母鼠的尾部缓慢顽强地朝着育儿袋的方向蠕动进育儿袋，在袋里长大。小袋鼠刚出袋时，如遇风吹草动就会钻回母亲的育儿袋里避难。袋鼠的繁殖能力极强，只要有足够的食物和水，任何一种袋鼠的数量都能在 5 年内翻 4 番。

由于袋鼠太多，澳大利亚常会发生一种特殊的灾难，即在夜间，袋鼠遇见车灯会误以为天敌来袭，这时它们便从草丛中一拥而上，跳跃到公路中，与汽车拼死相撞，小汽车往往会被它们撞翻，因此，澳大利亚汽车的前端大都安装了排障器。为防止这类碰撞的发生，一些公路旁竖有高大醒目的画着袋鼠的牌子，这是警告司机，前方为袋鼠出没地，要注意安全。

袋鼠的形象出现在澳大利亚各种各样的物品上，几乎成为澳大利亚的标志或代名词了。澳大利亚各州均制订法律保护袋鼠。只有数量最多的 4 种袋鼠可以捕猎，而且只允许持照猎人进行捕猎。

世界第一枚袋鼠邮票于 1889 年在新南威尔士（英国在澳大利亚最早的殖

匈牙利（1961 年）

澳大利亚（新南威尔士）
（1888—1889 年）

澳大利亚（1913 年）

澳大利亚（1986 年）

澳大利亚（1993 年）

澳大利亚（1994 年）

民地，1901 年新南威尔士与其他 5 个殖民区一起组成澳大利亚联邦）发行 [见第 173 页上澳大利亚（新南威尔士）1888—1889 年发行的邮票]。澳大利亚在 1913 年发行的第一套邮票，其图案就是袋鼠（见第 173 页澳大利亚 1913 年发行的邮票）。

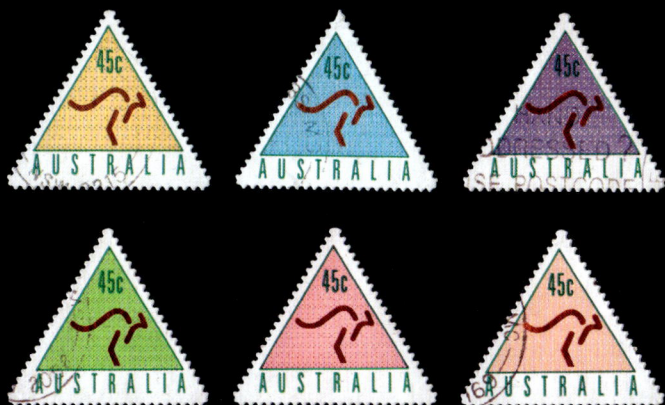

澳大利亚（1994 年）

澳大利亚（1999 年）

澳大利亚（2000 年）

澳大利亚（2003 年）

澳大利亚（2005 年）

澳大利亚（2005 年）

树袋熊
koala

树袋熊（koala）又称考拉或树熊，属哺乳纲有袋目树袋熊科，分布于澳大利亚东南部的桉树林中。树袋熊虽冠以熊名，实际上与熊并无关系，只是身体矮胖，又无尾巴，有点与熊相似罢了。

树袋熊身长 60～85 厘米，体重 13～14 千克，寿命 10～15 年。"考拉"是土著人给树袋熊取的名字，意思是"不爱喝水"。 树袋熊几乎只食用桉树叶子，而桉树叶内含有 67％的水分，这就相当于它们的饮料，不用另喝水了。

树袋熊繁殖较慢，族类稀少。母树袋熊每隔一年生育 1 只。小树袋熊出世后藏在母亲的育儿袋中，紧紧衔住妈妈的乳头，等到半岁时身上长满茸毛，才偶尔探出头来看看世界，但很快就又怕又羞地缩回袋里；再过两个月，小树袋熊才从育儿袋中出来，或趴在妈妈背上，或躲在妈妈怀里；满一周岁时，小树袋熊才会自己在树枝间活动，渐渐独立生活。小树袋熊胆子很小，一受惊吓就连哭带叫，声音很像人类婴儿的啼哭声。

树袋熊生活在树上，只吃桉树叶，营养不够，就用睡觉来减少能量消耗，每天要睡 18 个小时左右。它们白天总是抱着树枝睡觉，或不断地吞嚼着桉树叶，晚上在树枝间活动。树袋熊的 4 只脚很短，脚爪却很尖利，每爪 5 趾分为两组，一组为 2 趾，一组为 3 趾，能紧紧抓住树干。它的"绝活儿"是从一根树枝纵身跳到几米外的另一根树枝，敏捷灵活。有趣的是，它的尾巴经过漫长岁月已经退化成一个"坐垫"，使它能终日舒适地在树上"正襟危坐"。

树袋熊生性温顺，胖胖的面孔、黑油油的鼻子、一双滴溜儿转的圆眼睛和两只毛茸茸的短耳朵，加上一身又厚又密的灰褐色皮毛，显得憨态可掬，娇小可爱，是人见人爱的小动物。在动物园里，游客抱着或是背着它拍照片时，它会把前脚搭在人的肩上，或把面颊偎在人的怀里或背上，亲热体贴，很像一个乖孩子。

树袋熊是澳大利亚的国宝，给人一种欢乐、安详的感觉，澳大利亚人最喜欢用"考拉"玩具馈赠朋友或嘉宾。

中国（1995 年）

俄罗斯（1993 年）

坦桑尼亚（1994 年）

澳大利亚（1986 年）

澳大利亚（1990 年）

澳大利亚（1992 年）

　　树袋熊在树枝间能敏捷地跳来跳去，一到地面上则会变得很笨拙。小树袋熊会受到老鹰、猫头鹰、野猫及狐狸等的袭击。频繁的森林火灾，桉树林被大面积烧毁，使得树袋熊的食物来源减少，而树袋熊嗜睡，行动迟缓，尤其是雌性树袋熊和小树袋熊，遭遇火情时没有能力逃离，生命受到威胁。此外，人类过度砍伐森林，也使树袋熊的生存环境受到威胁，澳大利亚政府和民众非常重视对树袋熊的保护。

澳大利亚（1994 年）

澳大利亚（1995 年）

澳大利亚（2005 年）

蝙蝠

bat

蝙蝠（bat）属哺乳纲翼手目，其最大特征是具有飞翼。

人们常用"飞禽走兽"一词来形容鸟类和兽类，但是有些鸟类并不会飞，例如鸵鸟和企鹅；有些兽类并不会走，如海洋中的鲸鱼；而蝙蝠则是唯一能够飞翔的兽类。因为蝙蝠的形象有点像鼠，所以也被称为"会飞的鼠"。

蝙蝠并不具有一般鸟类那样的羽毛和翅膀，但它能像鸟一样在空中飞翔。其前肢十分发达，上臂、前臂、掌骨、指骨都特别长，由它们支撑起一层薄而多毛、柔软而又坚韧的皮膜，形成蝙蝠独特的飞行器官——翼手，这是在进化过程中由前肢演化而来的。有些蝙蝠的飞行速度甚至可以达到每小时 50 千米以上。

蝙蝠遍布全世界，是哺乳类中仅次于啮齿目的第二大类群。蝙蝠分成大蝙蝠和小蝙蝠两大类，大蝙蝠分布于东半球热带和亚热带地区，体形较大，身体结构也较原始，中国有 1 种，即狐蝠科。小蝙蝠广泛分布于地球的热带、温带地区，体形较小，身体结构更为特化，包括菊头蝠科、叶口蝠科、吸血蝠科等 10 余科。最大的吸血狐蝠翼展可达 1.5 米，而最小的基蒂氏猪鼻蝙蝠的翼展却仅有 0.15 米，体形大小足足相差 10 倍。

蝙蝠的食性相当广泛，大蝙蝠以果实为食，大多数小蝙蝠以昆虫为食，有的喜爱花蜜、花粉，有的喜欢鱼、水果，还有的吸食动物血液，甚至吃其他蝙蝠。

世界各地蝙蝠的颜色、皮毛质地及脸相也千差万别。蝙蝠的吻部似啮齿类或狐狸，外耳向前突出，通常非常大，而且非常灵活。蝙蝠一般集聚成群，从几十只到几十万只不等，喜欢栖息于山洞、缝隙、地洞或建筑物内，也有栖于树上、岩石上的。蝙蝠每年秋季交配后进入冬眠，精子在体内潜伏着，直到第二年春季，交配的母蝠才开始受精，妊娠期长短不一，至春末夏初产仔。蝙蝠通常每窝产 1 ~ 4 仔。幼仔初生时无毛或少毛，常在一段时间内既不能看也不能听，必须由亲体照顾。

蝙蝠总是倒挂着休息，用指骨末端的爪钩住树枝、屋檐、石缝倒挂入睡（见第 183 页瓦努阿图邮票）。它们白天憩息，夜出觅食。这种习性便于它们侵袭入睡的猎物，而自己不受其他动物或高温阳光的伤害。蝙蝠是名副其实的"夜

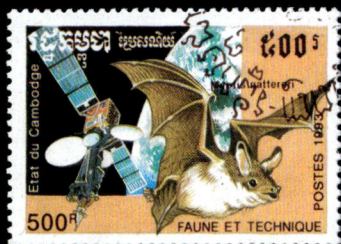

柬埔寨（1993 年）

马尔代夫（1973 年）

保加利亚（1989 年）

捷克斯洛伐克（1990 年）

澳大利亚（1992 年）

行侠"，虽然它们的视力非常差，但通常拥有超常的回声定位能力，可在黑暗中导航觅食。蝙蝠在不同程度上都有一套独特的回声定位系统，因此有"活雷达"之称。它们能产生短促而频率高的声脉冲，这些声波遇到障碍物或飞舞的昆虫时便反射回来，然后由它们超凡的大耳郭所接收，反馈的信息在它们大脑中得到分析。这种超声波探测的灵敏度和分辨力极高，使蝙蝠根据回声不仅能判别方向，为自身飞行路线定位，还能辨别不同的昆虫或障碍物，进行有效回避或追捕。蝙蝠就是靠着准确的回声定位和无比柔软的皮膜，在空中盘旋自如并精确捕食。蝙蝠个体之间也可能用声脉冲的方式相互交流。

蝙蝠在维护自然界的生态平衡中起着十分重要的作用，各种食虫类蝙蝠能消灭大量的蚊子、金龟子、夜蛾、尼姑虫等害虫，一只 20 克重的食虫性蝙蝠一年能吃掉 1.8 ~ 3.6 千克昆虫，因而对人类非常有益。蝙蝠的粪便是营养价值很高的肥料，对农业生产有用，经过加工的蝙蝠粪是中药的一种，被称为"夜明砂"。蝙蝠也是研究动物定向、定位及休眠的重要对象，人类目前仍然没有完全搞清楚它们回声定位技术的秘密，仅仅知道了蝙蝠能够做些什么，但还不知道它们究竟是怎样做的。

蝙蝠由于其貌不扬，又总是在夜间活动，所以常常使人感到害怕。蝙蝠的英文名字"bat"的原意就是"轻佻的老鼠"。它们在自然界已越来越少，一些错误的观念使人类大批地捕杀蝙蝠；有时，用于消灭昆虫的毒剂和木材保护药剂等也会把正在冬眠的蝙蝠药死。一些蝙蝠栖居的空心树木被砍伐掉了，有的建筑废墟被拆除了，这些都使它们越来越难以生存，渐渐使其陷入濒临灭绝的危险状况。

有趣的是，在我国由于"蝠"字与"福"字同音，所以蝙蝠得到了人们的喜爱，人们甚至将它的形象画在了年画上。中国古代就有关于蝙蝠的记载，传说它们生活在奇特的钟乳洞里，因为喝洞里的水而能够长生不老，被称为"仙鼠"。

汤加（1978 年）

瓦努阿图（1996 年）

加拿大（1987—1991 年）

美国（2002 年）

猴

monkey

  猴（monkey）属哺乳纲灵长目，与人类可谓同宗，是动物界非常接近人类的高等动物之一。

  灵长目包括 11 科约 51 属 180 种，体形最大的是大猩猩，属猩猩科，体重可达 275 千克；最小的是倭狨，属狨科，体重只有 70 克。

  一说起猴，人们的脑海里可能会立刻浮现出一个抓耳挠腮、聪明伶俐、顽皮可爱的形象。猴具有一定的思维、模仿、记忆、识别等脑的高级功能，能直立行走和蹲坐，甚至会使用工具，如用石头砸开硬果，用树枝掏蚂蚁洞等，而这些均属于人的智力动作。在基因图序中人与猴之间的差异仅为千万分之一，猴的免疫系统也与人相似，雌性猴生理上亦有月经，因此猴是最受科学家青睐的生物学实验动物，在某些课题研究中，常常是科学家建立动物模型的首选。

  猴又称猴子、猢狲，种类非常多，在亚洲、非洲和美洲的温暖地带都能寻觅到它们的踪影，分布地域非常广泛，但猴大多栖息在林区。多数猴为杂食性，兼吃植物性或动物性食物。猴选择食物和取食的方法各异，如指猴擅长抠食树洞或石隙中的昆虫，而猩猩的食量很大，几乎把绝大部分的活动时间都用以觅食。猴每年繁殖 1～2 次，每胎 1 仔，少数可多到 3 仔。猴的幼体生长比较缓慢，哺乳期多抓爬在母猴胸、腹部或骑在母猴背上，由母猴带着活动。

  在我国西南部的丛山峻岭中时常活跃着猴子们敏捷的身影，好动、顽皮、多疑是它们的天性。当猴子在树林中腾跃时，其尾巴不但可以起到平衡的作用，还能随时勾住树枝或做倒悬的动作，实际上起到了"第五只手"的功效，在动物中实属罕见。此外，猴子还有颊囊（即腮帮），可用来储藏食物，这亦是其生理上的一大奇特之处，是物种求生存过程中不断进化适应的鲜明例证。

  猴常群居而成为一个大家族。猴群有着严格的家族等级，猴王作为群首和统治者，常由强壮而又威武的雄性担任，猴王巡视四周，威风八面，颇具王者之仪。生活中猴王享受着各种特权，吃、住、玩、乐以及交配等，无不处处优先，其后妃、子女、臣民都得俯首帖耳，献媚伺候。同时，猴

中国（1963 年）

中国（1983 年）

朝鲜（1992 年）

王也本能地维护着整个猴群的平安、生存和繁衍。不同的猴群往往各占一方领地，互不侵犯。一旦自己的领地里出现窥视探密者，猴王会立即挺身而出，龇牙咧嘴，喧叫狂吼，做出一副随时准备出击的架势，以吓退不速之客。若有强行闯入者，猴王则会毫不犹豫地以硬碰硬，通过恶战以驱除之。当雌猴的发情期来临时，猴群中那些蓄势待发的雄性挑战者此刻会趁机揭竿而起，与老猴王拼个你死我活；在无情的撕咬打斗中双方都难免挂彩致伤。最后胜者将成为新的猴王，并与雌猴交配，败者则被逐出猴群——那些在荒野中孤独落泊的猴子常为此类被逐者。这种残忍的争雄斗争是保持猴子种群繁衍强壮的不二法门，也是动物界保证优势育种的必要方式。

猴是古华夏民族崇拜的图腾之一，在东方颇具神奇的色彩。在我国有关猴的故事和传说中，首推童叟妇孺皆知的《西游记》。《西游记》中那只神通广大的金猴孙悟空被尊称为"齐天大圣"，由此改编成的戏曲、影视、说唱、杂耍、皮影戏等不胜枚举，在神州大地受到普遍地喜爱。京剧《真假美猴王》的脸谱油彩是对末角最精美地夸张，通过演员脸部的颤动、嘴角的收缩牵拉，加上摇头晃脑、左顾右盼，举手投足都极具猴儿的活泼、机灵，把猴的个性刻画得惟妙惟肖。由于猴子天生聪明伶俐，民间耍猴者常常训练猴骑山羊、走钢丝，并能随着锣声向围观者鞠躬行礼乞讨。各种杂技演出中也少不了猴的精彩剧目。我国广西傣族家养驯化的猴能够帮助人们看家，甚至还可以帮人带孩子，非常乖巧可爱。猴天生胆小，见到血就会胆战心惊，受到惊吓，故有"杀鸡给猴看"的说法。此外，中文里还有许多与猴有关的俗语，如"山中无老虎，猴子称大王""沐猴而冠""树倒猢狲散"，等等。

在国外，猴也同样受到人们的喜爱。印度尼西亚加里曼丹岛的北部山区，每年5月7日是"敬猴节"；泰国的北部山区，每年11月1日则是"猴子运动节"。可见猴真的非常受人类的喜爱。

朝鲜（1992 年）

朝鲜（2000 年）

朝鲜（2000 年）

朝鲜（2004 年）

老挝（1993 年）

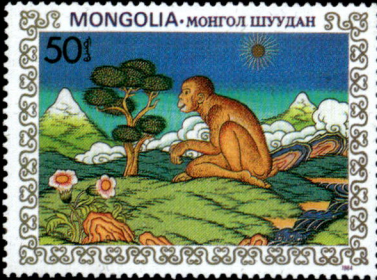

蒙古（1984 年）

越南（1984 年）

俄罗斯（曾用国名苏联）（1984 年）

几内亚比绍（1989 年）

澳大利亚（1996 年）

长臂猿
gibbon

长臂猿（gibbon）属哺乳纲灵长目长臂猿科，是典型的树栖动物，栖息于热带或亚热带原始森林中。

猿和猴的区别是猿没有尾巴。在我国有 4 种长臂猿，即白掌长臂猿、白眉长臂猿、黑长臂猿和白颊长臂猿，它们的数量均正在日益减少，故都已被列为国家一级保护动物。

长臂猿常以家庭方式聚居，一雄一雌加上幼猿。它们没有特别的交配期，每胎 1 仔。长臂猿地盘意识非常强，但并不发生伤害。长臂猿的身体构造在许多方面和人类极为相似，例如牙齿都是 32 颗；胸部有一对乳头；血型有 A 型、B 型和 AB 型，只缺少 O 型；细胞中的染色体有 22 对，比人类只少 1 对；月经周期都是 30 天左右，妊娠周期比人类短一些，约为 210 天；大脑和神经系统都很发达；胚胎发育过程与人类保持相似的时间。长臂猿是研究从猿到人的进化过程的重要对象。

长臂猿是动物中的高空"杂技演员"，虽然体形纤小，身高不足 1 米，但前肢特别长，两臂伸开时可达 1.5 米左右，站立起来，两手下垂几乎可以触到地面。灵活的长臂和钩形的长手，使长臂猴穿林越树如履平地，它们无论是觅食、玩耍、休息，还是求偶、生殖、哺育幼仔等全部在树上进行。行动的时候，它们能用单臂把自己的身子悬挂在树枝上，双腿蜷曲，来回摇摆，像荡秋千一样荡越前进，一次腾空移动的距离就有 3 米远，每次可以连续荡越 8～9 米。雌长臂猿还会把刚出生不久的幼仔抱在胸前，带着它一起在森林的上空飞速行进。它们的动作灵活、自然、轻松、优美。

长臂猿还是动物中的"歌唱家"，它们的喉部长有喉囊，又叫音囊，喊叫的时候，喉囊可以胀得很大，使声音变得极其嘹亮。它们特别喜欢鸣叫，经常发生雄猿的"独唱"、雄猿和雌猿的"二重唱"和雄猿及其家庭成员的"大合唱"，等等。特别是气势磅礴的"大合唱"，一般是成年雄猿首先发出引唱，然后成年雌猿伴以带有颤音的共鸣，再由群体中的亚成体单调地应和，"呜喂，呜喂，呜喂，哈哈哈"，音调由低到高，清晰而高亢，震动山谷，几千米之外都能听到。它们的这种习性，既是群体内互相联系、表达情感的信号，也是对外显示存在、防止外敌入侵的手段。遗憾的是，它们高昂悦耳的歌声也给自己带来灭顶之灾，因为偷猎者常常正是根据歌声寻找到它们。当长臂猿群中有受伤、生病或死亡者时，在相当一段时间里，它们不再歌唱和嬉闹，因此长臂猿又被人们认为是一种极重感情的动物。

中国（2002 年）

老挝（1992 年）

越南（1961 年）

猩猩
orangutan

猩猩（orangutan）属哺乳纲灵长目猿猴亚目猩猩科。

猩猩以各种果实为食，有时一整天都坐在果树上狼吞虎咽。它们喜欢富含糖分或脂肪的果实，也吃树叶、嫩枝和无脊椎动物，偶尔也吃富含矿物质的泥土，甚至还吃小脊椎动物。猩猩会利用棍子等工具将种子从多刺毛的果实当中取出，会利用工具挖蜂巢中的蜂蜜、掏树洞中的白蚁。

猩猩是长寿动物。雄性通常在 12 岁性成熟。完全成熟的雄性体形大约是雌性的两倍。雌性 10 岁进入青春期，5 年后才能生育。幼崽在 3 岁断奶以前一直都睡在母猩猩的巢中，4 岁时才离开。幼年猩猩还经常与母猩猩来往。雌性猩猩的产崽间隔通常是 8 年。在野外，雌性能够活到 45 岁左右，一生最多生养 4 个孩子。

在灵长类中，人工环境下的猩猩在智力测验中得分最高。野猩猩会"发明"多种取食技术，也是很好的模仿者，善于学习多种技能，包括如何使用工具；在不同的地方，猩猩会使用不同的筑巢技术；在冬天它们常去泡温泉，互相捉虱子。

非洲的大猩猩、黑猩猩也被称为猩猩。

大猩猩（gorilla）身高可达 1.7 米左右，体重近 300 千克。栖居于海拔 1 500 ~ 3 500 米的赤道—热带雨林地带，过着群居的日行性生活。每群有好几只雌猩猩和它们的幼仔，由 1 个成年雄性领导，雄猩猩带领大家寻找食物，选址搭窝，用喊叫和捶胸等方式赶走其他雄性大猩猩。

大猩猩由于面孔粗鲁、身材巨大而十分吓人，但实际上它们是非常平和的素食者，大部分时间都在非洲森林里闲逛、嚼枝叶或睡觉。

黑猩猩（chimpanzee）是猩猩科中最小的种类，体长 70 ~ 92.5 厘米，站立时高 1 ~ 1.7 米，体重雄性为 56 ~ 80 千克、雌性为 45 ~ 68 千克；身体被毛较短，黑色，通常臀部有白斑，面部灰褐色，手和脚灰色并覆有稀疏黑毛，无尾。集群生活，有午休习性。雌性约 12 岁性成熟，孕期约 230 天，每胎 1 仔，哺乳期 1 ~ 2 年，寿命约 40 年，30 岁时还可生育。

黑猩猩是医学和心理学的研究对象，也是人类宇宙飞行的理想试验动物。一些黑猩猩经过人工训练后，其智力水平可超过两岁儿童。

马来西亚（拉布安）
（1899—1900 年）

马来西亚（北婆罗洲）
（1899—1900 年）

蒙古（1991 年）

印度尼西亚（1991 年）

德国（2001 年）

由于人类的捕猎，猩猩已面临灭绝的境地。保护猩猩的有效途径就是为它们保留尽可能多的栖息地。

世界第一枚展现"猩猩"形象的邮票于 1899 年在北婆罗洲（现为马来西亚沙巴州，曾是英国保护地）发行，邮票上是攀援于树藤中的猩猩（见第 193 页上对应的邮票）。

利比里亚（1906 年）

卢旺达（1983 年）

澳大利亚（1994 年）

狼
wolf

狼（wolf）属哺乳纲食肉目犬科，曾分布于全世界，目前主要生活在亚洲、欧洲和北美。在犬科动物中体形最大，被认为是家犬的祖先。

狼的形状似狗，但吻尖，口阔，耳朵尖长而竖立，尾下垂，毛常为黄褐色，两颊有白斑，体重一般在 32 ～ 62 千克，野生狼体重最高可达 80 千克，雌性体重可低至 10 千克。狼能以 10 千米每小时的速度长时间奔跑，并能以近 65 千米每小时的速度进行追猎冲刺。狼是以肉食为主的杂食性动物，昼伏夜出，捕食野生动物，有时会伤害家畜和人。

狼群的数量一般为 5 ～ 12 只，冬天寒冷时可达 40 只左右，通常由最强的雄性领导，组成一个社会化的团体。狼在动物界是最有纪律的动物之一，表现出极强的团队精神，在捕猎过程中的踩点、埋伏、攻击、打围、堵截等环节，各狼各司其职，组织严密，很有章法。为捕食成功，有的狼不惜粉身碎骨、以身殉职。狼的智商很高，通过气味、叫声和体态语言进行彼此之间的沟通。

狼群的领地有 94 ～ 1 300 平方千米。各狼群领域不相互重叠，并会通过嚎声向其他狼群宣告范围。母狼在 4—6 月生产，怀孕期为 61 天左右，一胎下 3 ～ 9 只小狼。公狼负责猎取食物，狼群中的成员都会照顾幼狼。狼将猎物撕咬成碎片，吃进腹内保存，等回到小狼身边时，再吐出食物进行喂哺。野狼寿命为 12 ～ 14 年，人工饲养的狼可活 20 年左右。

从进化角度看，狼是发育最完善的大型肉食动物之一，具有超常的精力、发达的嗅觉和丰富的嚎叫语言。狼群成员友好相处，相互合作。也有狼曾与人和谐相处，历史上出现过与狼群一起生活的"狼孩"。在罗马的罗马市政厅所在地坎比多里奥山顶广场的博物馆里至今安放着一座"母狼哺婴"的青铜雕塑（见第 199 页上的克罗地亚邮票），相传雕像中吸母狼乳汁的两个男婴是罗马城的缔造者罗莫洛和雷穆斯，母狼哺婴雕塑是罗马城的象征。1986 年 6 月，意大利罗马市长将仿制的石雕"母狼哺婴"赠予中国，被收藏在国际友谊博物馆中。

我们的祖先尊敬狼，把狼的形象刻画在石壁上。许多印第安部落把狼选作图腾。乌兹别克人则相信狼会使他们遇难呈祥，如为减轻妇女分娩时的痛

波兰（1985 年）

苦，他们把狼颌骨戴在产妇手上；婴儿一出生就用狼皮裹起来，以祈祷孩子长命百岁。

在哺乳动物中，狼的分布范围仅小于人和少数几种啮齿类动物，从草原、苔原、针叶林至落叶林、沼泽和沙漠，它们都能生存。从生态学看，狼所追捕的多是老弱病残的动物，有复壮种群的作用，并能维护生态平衡。狼的毛皮质量好，部分器官可入药。由于经常遭到猎杀，狼的数量逐渐减少，在一些国家已被列为濒危物种。

克罗地亚（阜姆）
（1919 年）

马达加斯加（1994 年）

尼加拉瓜（1990 年）

狗
dog

狗（dog）属哺乳纲食肉目犬科，也称犬。犬科动物还有狼、狐，等等。

关于狗的祖先是什么说法不一，按照达尔文的观点，狗是人类在世界各地于不同时间对几种狼驯化而来的，他把狗称为"文明的狼"。我国民间有一种区别狗和狼的简易方法：尾朝上者为狗，尾下垂者为狼。实际上也有尾下垂的狗。传说清朝乾隆时期，尚书和珅与侍郎纪晓岚同在花园饮酒，突然有一只狗从旁跑过。和珅借机戏弄地问纪晓岚："是狼（侍郎）？是狗？"才思敏捷的纪晓岚答曰："尾垂是狼，上竖（尚书）是狗。"

狗是人类最早驯化的动物，大约可追溯到 15 000 年前。在家畜中，狗最依恋且忠实于主人，是主人的好帮手。狗能帮助主人放牧，牧羊犬能率领、指挥和保护好羊群。主人打猎时，狗能帮着搜寻、追踪和轰赶猎物；猎物被击中后，狗还会把猎物叼回。

人所共知，狗的嗅觉特别灵敏。如果哪个人的鼻子很灵，人们会说他长了个"狗鼻子"。狗的嗅觉灵敏度居各畜之首，对酸性物质的嗅觉灵敏度高出人类几万倍。狗鼻子能分辨 200 多万种不同的气味，而且还具有高度的"分析能力"，能够从许多混杂在一起的气味中，嗅出它所要寻找的那种气味。

狗的听觉也很灵敏，它的听力是人的 16 倍，听力域比人宽 2 倍。狗睡觉时也保持着高度的警觉性，能听见半径 1 千米以内的各种声音，还能辨别音源的方向。立耳犬的听觉要比垂耳犬更为灵敏。

狗是"近视眼"，其眼睛的水晶体是人的两倍厚。狗眼的调节能力差，只及人的 1/5 ~ 1/3，距离超过 50 米就看不清楚了。虽然狗的视野比较开阔，然而它无法像人一样分辨各种颜色。科学研究显示，红色对狗来说是暗色，而绿色对狗来说则是白色，所以绿色草坪在狗看来只是白茫茫的一片。

狗的味觉迟钝，味觉器官不是舌头，它不是通过细嚼慢咽来品尝食物的味道，吃食时很少咀嚼，几乎是吞食。它的味觉主要靠嗅觉来决定，是受食物刺激后引起的一种感觉。很少发现狗因味觉而引起食欲或者产生拒食现象。

狗基本上没有汗腺，仅在唇边留有少许，所以在炎热的夏天，我们常看见狗伸出长长的舌头喘气，它是在通过舌头散发体内的热量。

狗的尿液中有一种信息激素，这种激素能帮助狗与其同类划分势力范围。

中国（2006 年）

阿富汗（1984 年）

朝鲜（1987 年）

这就是狗为什么爱往树根上撒尿的原因。雪地里经常会看到狗的一串串脚印，因为大雪覆盖了狗原先的尿，狗的信息激素也就被覆盖了，这时狗的领土就会被其他同类占领，因此，雪后狗要来回于雪地间并往雪地里撒尿，以重新划分势力范围。

狗灵敏的嗅觉和听觉，在为人们守家护院、缉私查毒、侦察破案及找矿、探险、报震、救人和科学实验等许多方面，做出了巨大的贡献。

1957年11月3日，小狗莱伊卡搭乘苏联人造卫星上天，为人类的宇宙飞行拉开了序幕（见第201页朝鲜1987年发行的邮票）。可惜，这只小狗在升空数小时后由于舱内过热而死亡。为纪念世界首只太空狗，人们在莫斯科的狄纳莫体育馆附近一条林荫路上为莱伊卡建造了青铜纪念碑，并于2008年4月10日落成揭幕。

20世纪80年代末，墨西哥大地震时，成群的猎犬在废墟里嗅寻，营救出了大批幸存者。为表示对狗的感激之情，在墨西哥城内为狗竖立了一座纪念碑。2008年5月，我国四川汶川大地震后，许多搜救犬参与了寻找幸存者的工作，为挽救生命立下汗马功劳。

狗是很有感情的动物，在不同的场合会发出不同的叫声。遇到攻击时，发出求救的叫声；发生喜事时，发出高兴的欢叫声；遇到生人时，则发出持有敌意或警惕的吼叫声；狗崽在遇到陌生人时发出微弱的叫声，而狗妈妈则会大声吼叫，甚至发动攻击。除了吠叫之外，狗的眼、耳、口、尾巴及身体的动作，都可以表达不同的感情和含意。

作为宠物，狗已融入人类家庭，尤其能与孤寂的老人做伴，它的温柔机敏给人们带来了快乐。导盲犬还成为盲人的行进帮手（见第205页上的奥地利邮票）。

狗是人类的忠实朋友，古今中外频传狗的佳话，狗还常常成为小说或电影中的主人公，例如俄国小说家屠格涅夫的名篇《木木》，美国作家杰克·伦敦的名著《荒野的呼唤》等。

狗的耐力闻名于世，它能连续奔跑几十千米；1只狗在雪地上可拉动100千克的物品。第一次世界大战期间的传令犬，能用50分钟跑完21.7千米的路程。在北极附近举行雪橇拉力赛时，十几条犬拉着几百千克重的物品，在零下40摄氏度的刺骨寒风中奔驰，而每天只有短短数小时的休息。

狗对人类也并非百利而无一害，与狗过于亲密的接触会给人带来一些传染病，其中最为常见的是狂犬病。狂犬病是一种死亡率极高的人畜共患传染病。如果狗患上狂犬病，其食物、粪便或食槽等都会带上病毒，极易

朝鲜(1977 年)

朝鲜(1989 年)

通过破损伤口传染给人。狂犬会咬人，病毒通过伤口进入人体，会导致心脏、神经、皮肤等处发生一系列严重的疾病，如不及时救治，死亡率几乎是 100%。另外，有些狗身上长有寄生虫、虱子等，宠物狗极有可能把身上的寄生虫等传染给人类。

世界上第一枚展现狗形象的邮票于 1887 年在纽芬兰（现为加拿大纽芬兰与拉布拉多省）发行 [见第 209 页上的加拿大（纽芬兰）邮票]。

朝鲜（2002 年）

蒙古（1979 年）

日本（1984—1989 年）

保加利亚（1985 年）

保加利亚（1988 年）

保加利亚（1991 年）

罗马尼亚(1990年)

匈牙利(1974年)

英国(1979年)

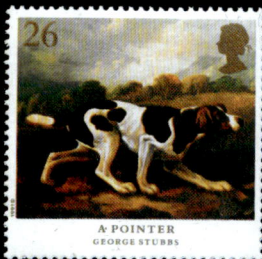

英国(1991年)

澳大利亚（1980 年）

澳大利亚
（1996—1997 年）

澳大利亚（1997 年）

新西兰（1982 年）

古巴（1992 年）

加拿大（纽芬兰）（1887—1896 年）

狐狸
fox

狐狸（fox）属哺乳纲食肉目犬科，分布于欧洲、亚洲及北美洲，在我国几乎各省区都有。

狐狸形体略像狼，面部较长，尖嘴大耳，长身短腿，身后拖着一条长长的大尾巴，多毛而蓬松，尾巴基部有个小孔，能放出一种刺鼻的臭气。成年公狐体长 45 ~ 75 厘米，尾长 25 ~ 30 厘米，体重 5.5 ~ 7.5 千克，全身毛多为赤褐色，耳背黑色，尾尖白色。狐狸平时单独生活，生殖时才会结成小群体。每年 2—5 月产仔，一般每胎 3 ~ 6 只。

狐狸生活在森林、草原、半沙漠、丘陵地带，多栖息在树洞或土穴中，一般傍晚出外觅食，直到天亮才回。狐狸的嗅觉和听觉极好，眼睛内有特殊照膜，能聚集微弱光线集合反射，夜间闪闪发光。狐狸行动敏捷，捕食各种老鼠、野兔等小型动物，其他食物包括鱼、蛙、蚌、虾、蟹、蚯蚓、鸟类及其卵、昆虫及动物的尸体等。此外，植物果实、红薯、豆类等也在其食谱中占有一定比例。

狐狸生性狡猾，其巢穴通常是强行从兔子等弱小动物那里抢来的，有许多入口，越往里面越迂回曲折。狐狸的警惕性很高，如果觉察窝里的小狐狸被人或其他动物发现了，它会在当天晚上"搬家"，以防不测。

狐皮毛长绒厚，轻柔光润，针毛带有较多色节或不同的颜色，张幅大，皮板薄，保暖性好，华贵美观。如银黑狐，原产北美北部和西伯利亚东部地区，是目前主要的饲养狐种之一，因其部分针毛呈白色，而另一些针毛毛根与毛尖是黑色，针毛中部呈银白色而得名。一般成年狐每年换毛 1 次，自 3 月开始，至 8 月全部脱完，同时新的针绒毛生长，11 月时形成长而厚的被毛。狐皮是传统的名贵裘皮，深受人们喜爱，但狐狸也因此惹上了杀身之祸。

由于野兔、老鼠和昆虫这些小动物危害庄稼，狐狸吃掉它们等于帮了农民大忙，所以狐狸害少益多，总体上属于对人类有益的动物。近年来，我国新疆维吾尔自治区北部草原鼠害猖獗，大面积草场被老鼠破坏。科技人员实

朝鲜（1996 年）

蒙古（1987 年）

保加利亚（1993 年）

施人工驯养繁殖狐狸，想方设法请久违的狐狸回草原落户，后来的观察发现，1 只狐狸每昼夜可捕捉近 20 只老鼠，灭鼠效果非常明显，有效地遏制了鼠害。

俄罗斯（曾用国名苏联）（1980 年）

罗马尼亚（1993 年）

马达加斯加（1994 年）

美国（1996—2002 年）

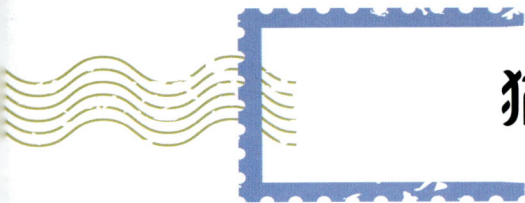

猫
cat

猫（cat）属哺乳纲食肉目猫科。

猫有家猫和野猫之分，品种很多，欧洲家猫起源于非洲的山猫，亚洲的家猫起源于印度的沙漠猫。其实，猫在未经人类驯养前都是居于森林或野地的野猫。野猫的体形比家猫大，猎取老鼠、松鼠、野兔、家兔和鸟类等为食。

猫的两只眼睛位于头的前方，和人类的眼睛一样，两眼视野重叠而具有立体感，具有良好的深度感觉。猫的瞳孔形状如一直立的卵，可极端地放松或收缩，并且能按照光线强弱灵敏地进行调节。中午光强时，猫眼的瞳孔缩成一条缝，减少强光进入；黄昏时瞳孔开放成圆形，增强视力。猫属夜行性动物，其视网膜里的杆状细胞比锥形细胞多；杆状细胞用以感觉光度，而锥形细胞的功能则在区别颜色。猫在黑暗中视力很强，而对色彩的感觉很弱。在猫的视网膜感光细胞之后有一层反光组织（称照膜），可以将进入眼睛的光线再反射回去，使得光线经过视网膜两次，这有助于猫在微弱的光线下看清楚东西；也是当光线直接照射猫的眼睛时，其眼睛像宝石那样闪闪发亮的原因。

猫的听觉非常敏锐，耳郭能做迎向声波的运动，可辨明微小声响的方位和距离，因此，猫不靠眼睛也可以捉到一只被杂物盖住的老鼠。

猫的舌头与其他动物不同，被一层向后的角质突起所覆盖，因此非常粗糙。猫借舌头来清洁自己，吃东西时也靠舌头将骨头上的肉舔出来，将鱼肉上的骨刺过滤掉，所以，猫吃鱼的速度非常快，也不会误将鱼骨吞咽下去而导致骨梗。

猫有触觉器官——触须，每根触须的基部都有神经末梢。当猫于夜间行走时，触须碰到任何物体就会发出警告信号。

猫的牙齿分为门齿、犬齿、前臼齿和臼齿。犬齿特别发达，尖锐如锥，适于咬死捕到的鼠类。前臼齿和臼齿的咀嚼面有尖锐的突起，适于把肉嚼碎；上颌的最后一个前臼齿和下颌第一个臼齿特别发达，共同构成裂齿，用来撕裂猎物的肉，我们常看到猫在歪着头嚼食，那就是它正用它的裂齿撕肉呢。猫的门齿不发达。

猫是一种趾行动物，也就是说它以脚趾头着地走路，而脚掌和脚后跟抬

中国（1978 年）

中国（2013 年）

中国（1983 年）

朝鲜（1977 年）

离地面，这样当它站立时显得较高。猫的前脚有 5 趾，后脚有 4 趾。前后脚的最后一趾均生在较高部位而不着地，每只脚趾都有尖锐、弯曲的爪，而脚趾最远的一个关节可以上下弯曲，因此可巧妙地使爪不触及地面；猫的爪由一特殊肌肉控制，能够伸缩自如，在休息和行走时爪缩进皮鞘中，待捕鼠时再伸出来，可防止行走时发出声响及爪被磨钝。猫的脚趾下面有厚厚的肉垫，软而富有弹性，行走时没有声响，便于其接近猎物。猫的后肢比前肢长，因此它们擅于跳跃而且行动敏捷。

家猫虽然擅于与人相处，但并不像狗那样忠实于人，因为猫的野性很难完全消除。民间有"猫恋室不恋人"的经验之谈，或把猫称为"不忠实的家仆"。

由于猫形象优雅漂亮，轻盈灵巧，又爱干净，许多人把它当作宠物，养猫取乐。人们喜爱它那可爱的触须，喜爱抚弄它那身柔软的毛；而猫也贪图安逸，喜欢得到人的抚摸和宠爱。古埃及人曾经非常宠爱猫，视它们为神圣的动物，没有人可以杀猫，甚至有人因杀死一只猫而被判死刑。

猫怕水、怕冷、怕臭味，喜欢晒太阳，喜欢蜷缩在暖和的地方。总之，猫是很会享受的家伙，它们贪图自由和舒适，一般很少为主人效劳。

猫与狗水火不容。猫狗相遇时，狗不停地吼叫，而猫则躬着背，竖起毛发，呼噜呼噜地低吼。猫和蛇相遇时也常会发生惊心动魄的打斗，蛇把头高高扬起，向猫袭击，猫则同样地拱起背，竖起毛，摆出一副凶狠的样子，这种阵势被人们称为"龙虎斗"。

在英语中，有时人们用"a cat and dog life"形容夫妻不和、经常吵架的家庭生活。实际上，如今同一家庭中的家猫和家狗在主人的饲养和调理下也能相安无事、和平相处（见第 221 页上澳大利亚于 1996—1997 年发行的邮票中的左侧这张）。

菲律宾（1979 年）

老挝（1995 年）

越南（1979 年）

保加利亚（1984 年）

俄罗斯（1996 年）

POŞTA ROMÂNĂ
15 L
POŞTA ROMÂNA

POŞTA ROMÂNĂ
30 L
POŞTA ROMÂNA

POŞTA ROMÂNĂ
90 L
PUI DE ANIMALE DOMESTICE

罗马尼亚（1994 年）

POŞTA ROMÂNĂ
90 L
POŞTA ROMÂNA

POŞTA ROMÂNĂ
135 L
POŞTA ROMÂNA

罗马尼亚（1993 年）

Vadmacska
Felis silvestris
2 Ft
MAGYAR POSTA

匈牙利（1986 年）

19

25

30

35

41

英国（1995 年）

218

多哥（1997 年）

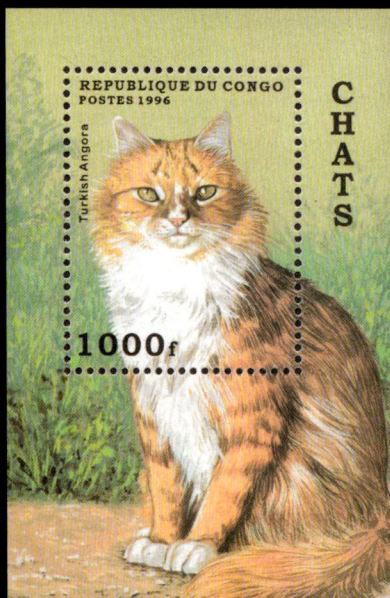

REPUBLIQUE DU CONGO
POSTES 1996

Turkish Angora

CHATS

1000f

刚果（1985年）

REPUBLICA DA   CORREIOS 1985
Guinē Bissau

20p00

几内亚比绍（1985年）

TANZANIA

Abyssinian cat

20/.

1992

TANZANIA

Havana cat

30/.

1992

TANZANIA

Persian black cat

50/.

1992

TANZANIA

Persian blue cat

70/.

1992

TANZANIA

European silver tabby cat

100/.

1992

TANZANIA

Persian silver tabby cat

150/.

1992

TANZANIA

Maine's cat

200/.

1992

坦桑尼亚（1992年）

TANZANIA

European cat

300/-

DAR ES SALAAM
03.12.1992
TANZANIA

CATS

坦桑尼亚（1992 年）

43c AUSTRALIA

澳大利亚
（1991 年）

45c AUSTRALIA

45c

澳大利亚
（1996—1997 年）

45c AUSTRALIA

澳大利亚
（1996—1997 年）

USA 22

Abyssinian Cat, Himalayan Cat

虎
tiger

虎（tiger）属哺乳纲食肉目猫科，俗称老虎，是猫科动物中体形最大者。

成年雄虎比雌虎略大，身长约 2 米，尾长约 90 厘米，体重约 190 千克。东北虎最长可达 2.6 米，体重 320 千克。虎肌肉发达，体格硕壮，吼声可传 2 千米远，是丛林里令万物闻风丧胆的兽中之王。俗语有云：老虎发威，百兽伏地。虎不喜干旱炎热，喜欢植物浓密覆盖及有水的环境，如树林或草丛。从冰天雪地的西伯利亚及中国东北、华中、华南的温带林，到印尼、印度半岛的热带雨林及东南亚一带河口的红树林沼泽地带，整个亚洲地区凡森林茂密、水源充足的地方，都是老虎的家园。

虎和许多夜行动物例如狼、犬、飞鼠一样，眼底网膜后方都有一层特殊膜层，称为照膜，能够将进入的光线反射增强，虎的夜间视力是人类的 6 倍，在黑暗中它们的眼睛看起来好像会发光一样。虎的耳朵对高音波长很敏感，听力绝佳，两耳还可随声音来源转向，就连老鼠发出的细小的吱吱叫声，或钻洞时发出的窸窣微响，在它们听来都清清楚楚。虎时常磨爪子，更特别的是每个爪子皆附有一骨质爪鞘，行走或奔跑时爪子缩入鞘里，避免磨损，所以能永葆锋利。

虎是位居食物链顶端的猎食者，几乎没有天敌。虎的犬齿状如匕首，是食肉动物中最长的；门齿排成一直线，像一把刮刀，可刮下骨头表面黏附的残肉；肉块到了嘴里囫囵吞下，并不咀嚼。虎食量很大，一只成年虎平均每天要吃肉 6 千克左右，捕到大型猎物如野猪时，一晚可以吞下 30 千克，一年约捕食 3 500 千克猎物，相当于 50 头大野猪。一头虎平均八九天要猎食一只鹿、山猪或羚羊等大型的有蹄类动物才吃得饱。它们虽然也捉兔、雉鸡、蛙、鱼等小动物来当点心吃，但无法仅以小动物为生。虎居住的地方也必须是大型有蹄类动物很丰富的地方。虎白天待在阴凉洞穴或密林深处休息，大部分时间都在打盹，黄昏时分，养足精神的虎循着地盘内熟悉的路径找寻猎物，直到天亮回穴为止。遇上猎物时，虎会自然伏低，悄悄潜近，当猎物距其 10 ~ 20 米时，虎突然跃出攻击。这是其典型的攻击法。为了避免被猎物的蹄、角或獠牙所伤，虎通常是从猎物背后袭击。有趣的是，印度人在野外工作时，常常会戴一个面具于脑后，以防止虎从背后袭击。据说使用这种面具的人没有

中国（1979 年）

中国（1998 年）

中国（2004 年）

一个受到虎的侵犯。

虎是森林中的独行侠，只有在求偶交配或哺育时期才会结伴同行。成年虎都是独来独往，它会占据必要的水源与遮蔽点，形成固定的地盘，或称为领域。在食物充足的印度半岛，一只虎的领域约为 10 平方千米；在干燥的华北森林与冰天雪地的西伯利亚森林，一只虎的领域则达 400 平方千米。通常占稳了地盘的虎才能繁殖下一代。虎在 3 ~ 4 岁性成熟，但雄虎大约 5 岁才能争取到地盘，才有机会与雌虎交配。雌虎发情时，会在其尿液中释出性激素信号吸引雄虎，邻近的雄虎会为争取接近它而较量一番，通常最强势的雄虎才得以与雌虎交配。雌虎每 2 ~ 2.5 年生产 1 胎，一生一般可生 5 胎；怀孕期约 3.5 个月，一胎可生 2 ~ 3 只幼虎，但每胎存活率仅 50%。虎妈妈不在时，幼虎可能会被蟒蛇、鬣狗或豹吃掉。

亚洲各族的祖先在暗藏老虎的蛮荒环境中建立家园，因虎勇猛、强壮而将它视为神明与权力的象征加以崇拜，渴望借助其神力驱魔镇邪。虎的脸相看起来威风异常，额头的斑纹形似"王"字，象征权势。在战场上，因为虎最能表现腾腾杀气，人们就在头盔、兵器及刑器上雕饰虎纹。战国时期的兵符（军令）呈虎形，称为虎符；后来又把军营称为虎帐。寺庙里的虎碑、虎令符、辟邪虎头像，乃至剪纸、刺绣、香包上的虎等，都显示出虎已成为老百姓最亲近贴心的动物保护神。虎是强壮的象征，人们给儿童做的虎鞋、虎帽、虎枕及放在枕边的虎布娃娃，都表示出中国长辈希望儿孙们能长得像虎一般强健。在实际生活中，虎威胁牲口又会伤人，人们又把它视为大害，打虎者成为英雄，而猎虎亦被王公贵族视为展现英雄气概的特殊娱乐活动。"武松打虎"等故事在中国民间广为流传和称颂。

100 年前，全亚洲约有 10 万只野生虎徜徉于森林之中。然而时至今日，野生虎总数只有 5 000 头左右。根据官方记录，最后一次发现爪哇虎是在 1981 年。20 世纪初，印度境内的虎约有 4 万只，1972 年降到不足 2 000 只，是目前全世界仅剩的老虎大本营。其他如东北虎、苏门答腊虎、印支虎和华南虎等，都大量锐减。自 1940 年以来，虎已有 3 个亚种绝迹于世，其余的 5 个亚种也处于岌岌可危的境遇中。目前虎的栖息地只占其历史活动范围的 7%，人类需为此负主要责任。拯救虎，现在除了保护虎的既有栖息地以外，还必须遏制人们对虎的皮毛及其他器官的需求，对相关的非法贸易渠道、运输市场应加强管理，加大执法力度。

歲　次　戊　寅

The Year of the Tiger

新埭強設計 Designed by Kan Tai-keung

中国（香港）(1998 年)

中国（台湾）(1997 年)

阿富汗 (1984 年)

朝鲜（1996 年）　　　　　　老挝（1984 年）

马来西亚（森美兰）
（1891—1894 年）

马来西亚（彭亨）
（1892—1895 年）

马来西亚（曾用国名马来联邦）（1901—1932 年）

马来西亚（曾用国名马来联邦）

（1979 年）

印度

（1975—1988 年）

保加利亚（1992 年）

俄罗斯（曾用国名苏联）（1977 年）

俄罗斯（1993 年）

刚果（1992 年）　　　　　古巴（1982 年）　　　　　尼加拉瓜（1986 年）

狮

lion

　　狮（lion）属哺乳纲食肉目猫科，也是大型猫科动物，俗称狮子，有两个亚种：印度狮和非洲狮。

　　印度狮体形较小，已近灭绝，常见的是非洲狮。成年非洲公狮一般体长在2.3～2.7米，体重250千克左右。雄狮的鬃毛从面部一直扩展到肩部和胸部，看上去十分威武，使雄狮在鬣狗等其他食肉对手眼中显得更加强大，对雌狮也更有吸引力。

　　狮喜欢草原，也在干旱林和半沙漠中出现。狮是群居的，一个狮群由有亲缘关系的3～30只狮子组成，领地面积有20～400平方千米，一般用粪便、尿和从远方就听得见的吼叫声来标记领地。狮群中一般有1只成年雄狮（有时是2～3只），地位比雌狮高，但狮群的领导地位往往会被群外的雄狮占据，战败的雄狮不是死亡就是逃亡。新来的雄狮一般会将其前任的幼狮杀死，这样雌狮就比较容易和它交配了，因为没有幼狮的雌狮易进入发情期。

　　狮的猎物包括羚羊、小羚羊、角马和斑马，也有兔、鸟，甚至鱼。捕获猎物后的进食顺序将由各狮在狮群内地位的高低决定：首先是雄狮，然后是雌狮，幼狮最后。

　　狮的平均寿命不超过12年，而在动物园中有的狮子可以活到30多岁。雌狮一般在3岁后、雄狮在5岁性成熟。雌狮的怀孕期是4个月，一胎可生2～4只幼兽，幼兽的抚养是整个狮群的任务，狮群中任一雌狮都会给幼狮喂奶。

　　所谓美洲狮，也称山狮，其实是美洲金猫，体态略同于豹，栖息在荒山野林中，独居，擅攀爬，以野鹿、野羊为捕食对象。

　　在西方，狮向来有兽王之称，象征着勇敢、威严和权力，许多国家都把狮的形象刻印在重要的标志性建筑物上，甚至刻在国徽上，如持刀狮子就是波斯国徽。在英语中，文学泰斗被称为"a literary lion"。

　　在中国，狮始见于东汉时期。张骞出使西域，打通了中国与西域各国的交往，狮子才得以进入中国，并被尊称为"瑞兽"。石狮子成为守卫大门的神兽，

中国（2005 年）

中国（2007 年）

中国（香港）（1946 年）

蒙古（1988 年）

伊朗（曾用国名波斯）（1891 年）

伊朗（曾用国名波斯）（1894 年）

伊朗（曾用国名波斯）
（1899 年）

伊朗（曾用国名波斯）（1909 年）

这种习俗形成于唐宋之后，人们认为狮子既高贵又威严，置于门前有护法镇邪、保求平安的作用。石狮子还是建筑物的一种艺术装饰，如北京卢沟桥的石狮个个神情鲜活，穷极工妙，不但数目众多，而且隐现无常，因而有"卢沟桥的狮子——数不清"的俗语。民间有优美动人的狮子舞（见第229 页上中国 2007 年发行的邮票）和狮子滚绣球的绘画图案，都表示了人们期盼祥和太平的美好愿望。

保加利亚（1992 年）

比利时（1912 年）

比利时（1935—1948 年）

比利时（1977—1985 年）

波兰（但泽）（1922—1923 年）

波兰（但泽）（1923 年）

德国（巴伐利亚）（1908 年）

芬兰（1919 年）

克罗地亚（阜姆）（1919 年）

挪威（1922—1924 年）

瑞典（1921—1936 年）

匈牙利（1981 年）

英国（1924 年）

英国（肯尼亚、乌干达、
坦桑尼亚）
（1954—1959 年）

厄立特里亚
（意属贝纳迪尔）
（1903 年）

刚果（1992 年）

肯尼亚（曾用国名英属东非）
（1896—1903 年）

马达加斯加（1994 年）

南非（2001 年）

坦桑尼亚（1993 年）

澳大利亚（1996 年）

新西兰（1920 年）　　　　　新西兰（1920 年）　　　　　新西兰（1922 年）

古巴（1979 年）　　　　　美国（2000 年）　　　　　巴拉圭（1881 年）

巴拉圭（1900 年）　　　　　　　　　　　巴拉圭（1903 年）

巴拉圭（1905—1910 年）　　　　　　　巴拉圭（1906 年）

豹
leopard

豹（leopard）属哺乳纲食肉目猫科的豹亚科。

豹和虎、狮同属猫科，它们的生活习性有许多相近的地方，但豹体形较小。豹肩高约0.9米，体长约1米，体重约50千克，尾长约60厘米。豹的颜色鲜艳，毛皮上面常有黑色斑纹，有的如点缀着一片片金钱似的黑色图案，因此有俗名"金钱豹"或"花豹"。

豹的身材矫健而灵活，嗅觉、听觉、视觉都很敏锐，奔跑速度极快，会游泳，擅爬树、跳跃，10多米宽的山涧也能一跃而过。它白天在高山岩洞休息，夜里或黄昏出来觅食，纵横于崇山峻岭之间，往来如飞，形影无踪。

豹可以说是完美的猎手，猎物主要有鹿、羚羊及野猪，但亦会捕猎灵猫、猴子、雀鸟、啮齿动物等。豹的智力超常，会慢慢潜近猎物，然后一个突袭攻击猎物的颈部或口鼻部，令其窒息。生活在非洲的豹常把猎物拖上树，在树上大快朵颐，以防狮子或鬣狗等前来抢夺。在食物链上，豹处于次等捕猎者的位置，这意味着豹同时又是虎及狮的猎物。

豹在7岁左右性成熟，一般3—4月发情交配，6—7月产仔，每胎3～4仔。幼豹的成活率很低，三分之二的幼豹在1岁前就被狮、鬣狗等咬死或因食物不足而饿死。

豹经常栖息于树上或树丛茂密的地方，这些浓密的枝叶能遮掩其身形，阳光透过树叶造成的光斑和它身上的斑纹互相辉映，形成极佳的隐蔽色，使它成为藏匿隐身的能手。豹中有些体色全黑，称为黑豹。黑豹既不是独特的种或亚种，也不是变种，在明亮处仔细观察黑豹，仍可看见像花豹一样的斑纹。黑豹主要产于东南亚，马来西亚和泰国等地最多，往往是一窝小豹，黑黄各半。

在猎物缺乏时，豹也会捕猎家畜，甚至攻击人类，从而发生人豹之间的冲突。据统计，仅2006年上半年，印度就有14人因受到豹的袭击而丧生，而被豹抓伤咬伤的人更多。有时候，饿极了的豹甚至会闯入居民家里寻找食物。专家们指出，正是人类活动领域的不断扩大侵犯了豹的领地，从而逼迫越来越多的豹"越过界"而频频发生伤人事件。此外，人类活动制造出了大量生活垃圾和难以计数的流浪小动物，这也为豹提供了新的食物来源，成为吸引它们前来的原因。

中国（2005 年）

朝鲜（1998 年）

斯里兰卡（曾用国名锡兰）
（1970 年）

几内亚比绍（1989 年）

保加利亚（1992 年）

匈牙利（1981 年）

坦桑尼亚（1984 年）

古巴（1979 年）

尼加拉瓜（1990 年）

猎豹
cheetah

猎豹（cheetah）属哺乳纲食肉目猫科猎豹亚科。

"cheetah"这个词来自于北印度语"Chita"，就是"有斑点"的意思。猎豹的毛呈浅金色，上面点缀着黑色的圆形斑点，背上还长有一条像鬃毛一样的毛发。猎豹主要分布于非洲，也曾生活在亚洲的印度，曾叫印度豹，但自1948年以后印度就再没见到猎豹，实际上已经灭绝，因此被国际自然保护联盟列为易危动物。

猎豹的外形和其他多数猫科动物不怎么相像。它们的头比较小，鼻子两边各有一条明显的黑色条纹从眼角处一直延伸到嘴边，如同两条泪痕，这是区别于其他豹类的一个显著特征。它们的身材修长，体形精瘦，身长140～220厘米，高75～85厘米；四肢也很长，还拖着一条长尾巴。猎豹的爪子有些类似狗爪，它们不能像其他猫科动物一样把爪子完全收回肉垫里，而是只能收回一半。猎豹不攀岩，也不擅长上树。

与其他动物相似，雄性猎豹一般也会争夺配偶，经过长时间打斗以后，最后的胜利者才能与雌性猎豹交配。雌性猎豹怀孕期约3个月，一胎可以生1～6只幼仔，通常是2～4只。小猎豹体重一般是240～300克，生下来两三天之后才会爬，4～14天以后眼睛才会睁开。1岁之后小猎豹才开始独立生活。野外猎豹的寿命一般是7年左右，但是在人工圈养状态下，猎豹可以生存11年以上。

猎豹是陆地上跑得最快的动物，时速可达110千米，加速度尤其惊人，从起跑到最大速度仅需4秒，可谓动物世界里的短跑冠军。一见到可以吃的野兽，猎豹便会像被压紧的弹簧突然松开似地猛然腾起，闪电般地扑过去。一般来说，很少有动物能摆脱它的追击。猎豹为什么能快速奔跑呢？原来它的形体长得前高后低，腰部较细，胸部较宽，胯部空间大，前后肢细长，前后脚掌上有厚厚的肉垫；而且它的脊椎骨柔软并能弯曲，鼻孔比较大，能够呼吸较多的空气，供给剧烈运动之所需。猎豹耐力不佳，一般只能快跑20秒，因此猎豹都尽可能接近猎物时才发动袭击。高速的追猎带来的后果是能量的大量损耗，一只猎豹如果连续追猎5次不成功或猎物被抢走，就再没力气捕猎了，并有可能饿死。

实际上，猎豹的性格相对温顺，因此在古代曾有饲养猎豹来狩猎的传说，这也是猎豹名称的由来。

蒙古（1991 年）

保加利亚（1992 年）

捷克斯洛伐克（1976 年）

匈牙利（1981 年）

尼日利亚（1965—1966 年）

尼日利亚（1973—1974 年）

坦桑尼亚（1986 年）

澳大利亚（1994 年）

雪豹

snow leopard

雪豹（snow leopard）属哺乳纲食肉目猫科豹亚科的雪豹属。

雪豹是中亚高山高原的特产动物，产于中国、印度、尼泊尔及俄罗斯和蒙古。在我国，它们出没于西部山区，如昆仑山、积石山、祁连山、贺兰山。

雪豹常栖于高山雪地，平时独栖，仅在发情期前后才成对居住，一般有固定的巢穴。巢穴设在岩石洞中、乱石凹处、石缝里或岩石下面的灌木丛中，大多在阳坡上。雪豹往往好几年都不离开一个巢穴，因此窝内常常有很多雪豹脱落的体毛。一年中大部分时间雪豹都在高山雪线以上的区域捕食各种高山动物，如小型的穴兔、土拨鼠之类及大型的岩羊等。雪豹猎食出行很远，常按一定的路线绕行于一个地区，经过许多天再沿原路返回。雪豹昼伏夜行，白天很少出来，或者躺在高山裸岩上晒太阳，在黄昏或黎明时候最为活跃，上下山有一定路线，喜走山脊和溪谷。巡猎时也以灌丛或石岩作为临时的休息场所。

雪豹发情期在1—3月。母豹怀孕期约3个月，一般在5月中旬至6月初产仔，每胎1~3仔。幼仔1年后与双亲分居，2~3年性成熟。雪豹的寿命一般在10年左右。

雪豹全身长有很厚的毛，十分耐寒。它们的毛色灰白，其中有黑色圈状斑纹，与岩石雪地背景相似。雪豹善于隐蔽，又十分机警，被誉为"雪峰隐士"，常栖身于悬崖峭壁的高山区域和海拔4 000米以上的雪线附近，人们通常很难见到雪豹的身影，要捉住它更加困难，所以一般动物园里不易见到。北京动物园1955年开始饲养展出雪豹，1995年繁殖雪豹成功。

2006年3—5月，中国科学院动物研究所的研究人员在都兰国际狩猎场开展了雪豹考察工作，在青藏高原东北部的青海省都兰县境内，首次拍摄到雪豹的野外生态照片。随着自然和生态环境的变化，雪豹正面临生存危机，现已被国际自然保护联盟列为濒危物种。

中国（1990 年）

中国（2001 年）

阿富汗（1984 年）

不丹（1990 年）

吉尔吉斯斯坦（1994 年）

俄罗斯（曾用国名苏联）

（1984 年）

俄罗斯（曾用国名苏联）

（1987 年）

熊
bear

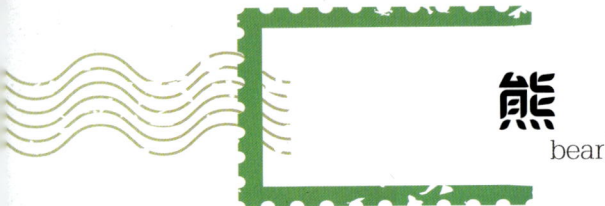

　　熊（bear）属哺乳纲食肉目熊科的熊亚科，是种类较稀少的一类动物，而且其中每个种的个体数量也比较少。

　　目前世界上的熊亚科仅有 7 个种，包括黑熊、棕熊、马来熊等。亚洲黑熊是我国最常见的熊，属于珍稀物种。

　　熊的主要特征是头大、尾短、四肢短而粗壮、脚掌大、趾端有带钩的爪（但不能收缩）、全身的毛浓密而且粗长。熊的嗅觉十分灵敏，视力、听觉较差，主要依靠嗅觉来觅食。熊的体形粗大壮实，可以站立，但是大部分时间还是用四足爬行。熊科成员虽然体态笨重，但多数能爬树。

　　熊虽然属于食肉目，但却是杂食性的，其食物包括小动物、水果、坚果、蜂蜜等，偶尔也会杀死较大的动物。熊的平均寿命是 25 ~ 40 年，母熊一生大约可生 6 只小熊，刚出生的幼熊常常发育不完全，至少需要与母熊生活 1 年以上才能独立。

　　黑熊在我国也被称为狗熊、熊瞎子或狗驼子。它们的体形中等，母熊体形只有公熊的一半。黑熊的体毛粗密，一般为黑色（也有棕色）；胸前有一块很明显的白色或黄白色的"V"字形或月牙形斑纹。这块斑纹的大小和形状在不同个体之间有很大的差异，有的可能只是一条挺细的线，有的则是好大一块三角斑。

　　曾经生活在北美洲的各种大型哺乳动物中，黑熊是少数生存至今的幸运儿之一。在太平洋西北地区一望无际的森林里，有各种动物活跃于其中，而黑熊就是这里的王，或者更准确地说是女王。黑熊一般在每年 1 月底或 2 月初分娩，一生就是 1 对。刚从冬眠中苏醒过来的母熊马上就成了两个孩子的妈妈。小黑熊刚刚能够独立玩耍时，如果受到其他动物的威胁，仍需要母熊的及时保护。小黑熊出生 3 个月就会爬树，遇到危险时它们会在树上待好几个小时，直到危险过去后才下来。为了安全起见，黑熊从不冒险到远离大树的地方去活动。一般情况下母熊总让小熊先上树，爬在自己的上边，以便保护它们。

　　黑熊的领地很大，约有 25 平方千米甚至更大，茂密的热带雨林为它们提供了理想的天然保护。印第安人曾经认为熊的地位是高于其他动物的，他

阿塞拜疆（1922 年）

老挝（1994 年）

蒙古（1990 年）

保加利亚（1988 年）

俄罗斯（曾用国名苏联）
（1979 年）

241

们甚至把熊摆在与人同等的地位。印第安人对熊很友好，很有感情，在他们中流传着许多关于黑熊的神话故事。

熊亚科中分布最广泛的是棕熊，在欧亚大陆和北美洲的大部分地区都能见到其踪影，但其数量也不多。棕熊外形与黑熊相似，但毛色多为棕褐色或棕黄色；老年熊呈银灰色；幼年熊为棕黑色，颈部有一白色领环。棕熊爪子虽长，却并不擅长爬树，成年棕熊奔跑的速度很快，可达到每小时 56 千米，而且耐力甚好。

许多人认为熊在冬天会冬眠，事实上熊并不进行真正意义上的冬眠，它很容易觉醒。秋季熊会吃下许多食物，以便在体内积聚脂肪过冬。如果冬季食物充足，许多熊不仅不会冬眠，反而会在整个冬天都狩猎捕食。当食物匮乏时，熊才会躲在洞中过冬，此时它的体温下降 4 摄氏度左右，心跳速率减缓 75%，能量来源就是体内储存的脂肪。通常脂肪燃烧时化学变化十分剧烈，进行的新陈代谢会产生毒素，但熊的细胞可以将这些毒素分解为无害的物质，再重新循环利用（人体内没有这种机制，如果毒素累积而不能及时排出，人在一星期内就会死亡）。这种生化作用也让熊可以回收体内的水分，因此熊在"冬眠"时不排尿。

熊是很聪明的动物，具有很强的学习能力和记忆力，常常是马戏团里的大腕明星。例如，人们可以教会熊站立、做手势、骑车、跳摇摆舞等，好像熊能听懂乐器的声音，大略地跟随其节奏摇摆。但要让熊做这样一些表演，必须从幼熊就开始训练，因为年长的熊生性顽固，不易控制，不可能再接受这样的训练。

玩具中的熊宝宝很受儿童们的喜爱。熊胆是贵重的药物，也常用来当作补药，亚洲黑熊胆因为稀有而更为珍贵，黑熊也因此惹来杀身之祸。其实在中药的配制中，已有许多种草药可以替代熊胆，并且价格便宜。动物保护人士一再呼吁禁止贩售熊胆制品，否则亚洲黑熊会很快绝迹，其他地区熊的处境目前也越来越恶化。

我国的黑熊和棕熊都属于国家二级保护动物。

俄罗斯（曾用国名苏联）
（1989 年）

罗马尼亚（1982 年）

瑞典（1992—2009 年）

瑞士（1921 年）

希腊（1990 年）

匈牙利（1977 年）

美国（1987 年）

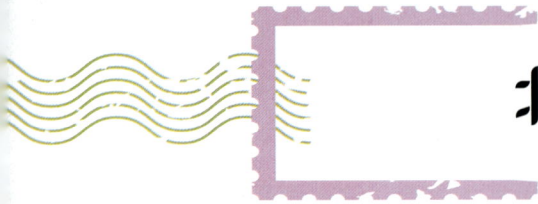

北极熊
polar bear

北极熊（polar bear）又称白熊（white bear），属哺乳动物食肉目熊科，是半水栖动物，分布于北极地区，常栖居在北冰洋漂流的大块浮冰上。

北极熊是熊类中体积最大的一种，身长可达 2.5 米以上，体重 500～900 千克。它们全身披着厚厚的白毛，里面中空，起着极好的保温作用。北极熊脚掌松软，有助于抓牢冰面，熊掌的厚垫还可加大摩擦力；脚趾之间长有粗毛，在深雪中行走也不会感到吃力。

北极熊擅游泳，可一口气畅游四五千米；然而，它的泳姿并不优美，属于狗刨式——两条前腿作双桨，奋力向前划，后腿并在一起作舵，掌握前进的方向。它在地面奔跑的时速可高达 60 千米，但不能持久。

除了鲸，北极熊没有什么天敌，因此它们就成为冰雪王国中的统治者。北极熊主要以捕食海豹为生，也吃鱼类、鸟类、其他小型动物及海藻等。它们具有粗壮而灵活的四肢，尤其是前掌的力量巨大，一掌下去即可致人死命。用前掌击倒或打死猎物是它的惯用手段。北极熊还具有异常灵敏的嗅觉，能凭嗅觉准确判断在几千米以外的猎物位置。

繁殖期的母熊通常到岛上自己建造的雪窝中产仔，妊娠期为 240～270 天，每窝产 2～4 只小熊，以 2 只居多。初生的仔熊只有老鼠那么大，两眼一抹黑，双耳听不见声音，第一个月的生活完全依赖母亲。但幼仔发育非常快，因为北极熊乳汁的脂肪含量达 30% 以上，是任何其他食肉动物所无法比拟的。仔熊要和母熊一起生活 10 个月至 2 年，学习捕食和在北极严酷的环境中生存的本领。长大后的仔熊与它们的父辈一样，一般不与同类做伴，以便独自享用猎物。人们一般只能见到单只北极熊，或者一只母熊伴着一两只小熊在冰上活动。

北极地区的土著人对北极熊十分尊重和崇拜，但他们也捕杀北极熊取其皮、食其肉。随着经济的发展，受利益驱使，越来越多的捕熊船定期开进北极海域大肆捕掠，致使北极熊的数量急剧减少。近些年来由于全球变暖，北极冰层的融化速度加快，北极熊的传统领地不断受到威胁，有时它们不得不长途跋涉，游到 100 千米以外的地方觅食。北极熊虽是游泳能手，但漫长的觅食路也会使它们精疲力竭，以致被海上的风浪所吞没。

1973 年，北极圈内的一些国家签订了保护北极熊的国际公约。

朝鲜（1996 年）

保加利亚（1988 年）

丹麦（格陵兰）
（1905—1937 年）

俄罗斯（曾用国名苏联）（1977 年）

俄罗斯（曾用国名苏联）（1987 年）

挪威（1996 年）

大熊猫
panda

　　大熊猫（panda）属哺乳纲食肉目熊科的熊猫亚科。

　　大熊猫不仅是中国的"国宝"，而且也是世界上最珍贵的动物之一。截至 2021 年 7 月，全世界总共有大熊猫 1 800 多只（包括国内外动物园饲养的和中国野生的）。大熊猫是我国一级保护动物，也是被列入国际自然保护联盟红皮书中的濒危物种。大熊猫常常担负"和平大使"，带着中国人民的友谊远渡重洋，受到各国人民的欢迎。大熊猫被中国野生动物保护协会和世界野生动物基金会选为会徽标志。第 247 页及第 249 页上的小型张和首日封分别是我国著名画家吴作人和韩美林的创作。

　　大熊猫身体又胖又软，头圆颈粗，耳小尾短，四肢粗壮；身长约 1.5 米，肩高 60 ~ 70 厘米，体重可达 100 ~ 180 千克；眼睛周围、耳朵、前后肢和肩部是黑色，其余都是白色，腹部淡棕色或灰黑色。大熊猫那一对"八"字形黑眼圈，看起来犹如戴着一副墨镜，非常惹人喜爱。

　　大熊猫身上的毛比较粗，内髓质层也很厚，髓质是一种良好的轻质保温材料；而且它们身披的毛层又特别厚，毛的表面还富含一些油脂，这更加强了对其躯体的保温效应。无怪乎大熊猫虽长年生活在湿漉漉的环境里，但身体却不被湿气侵袭而患风湿疾病，即使到了严寒的冬季，它们也能在雪地上睡大觉过夜。

　　大熊猫的视觉极不发达，这是由于大熊猫长期生活在密密的竹林里，光线很暗，障碍物又多，致使其目光变得十分短浅。但由于它的瞳孔像猫一样是纵裂的，在夜里可根据光的变化进行调节，因此当夜幕降临时它们还能活动。由于有一个圆圆的耳朵帮助收集音波，它们的听觉比视觉灵敏。一听到竹林里出现异常的声音，它们就会像害羞的大姑娘一样很快地跑开躲藏起来，所以在野外很难见到它们的真容。

　　大熊猫的祖先是食肉动物，现在却以竹类为主食。一只成年的大熊猫每天要吃 20 千克左右的鲜竹。它们尤其喜爱吃竹笋，每年从春到秋，为了吃到位于不同海拔、不同种类的竹子和竹笋，大熊猫会进行从山地中部到高山的迁徙活动，叫作"赶笋"。有时它们也会开次"斋"，吃一些动物性食物，如鸟、鼠，甚至羊等，有的还大摇大摆闯入居民住宅偷吃食物。

中国（1963 年）

中国（1985 年）

　　大熊猫常活动在清泉流水附近，有嗜饮的习性。大熊猫喝水常有这样一个很有趣的过程：它走到小水沟边，会先用爪子刨一个小坑，让水注满。当水澄清后，它会先照照自己的倒影，然后再喝。经常如此反复多次，直到喝饱为止。有时，它们不惜长途跋涉到很远的山谷中去饮水。一旦找到水源，就好似酗酒的醉汉没命地畅饮，直至"醉"倒后躺卧溪边，即所谓"熊猫醉水"。

　　大熊猫性情孤僻，喜欢独居，昼伏夜出，多单独活动，故被称为"竹林隐士"。它们很少主动地攻击其他动物或人，在野外偶然相遇时也总是采用回避的方式。它们行动缓慢，走起路来总是慢条斯理，显得悠然自得。它们全身的关节十分灵活，可以像柔术演员那样做各种动作。它们能快速而敏捷地爬上高大的树木，并能横渡湍流的河溪。此外，它们的脚板还密生着粗毛，擅长在林下湿漉漉的地衣苔藓层、光滑的岩崖陡坡或冰坡上行走，不会溜滑。它们没有固定的居住地点，常常随季节的变化而搬家。春天一般栖息在海拔 3 000 米以上的高山竹林里，夏天迁到竹枝鲜嫩的阴坡处，秋天搬到海拔 2 500 米左右的温暖的向阳山坡上，准备度过漫长的冬天。

　　雌性大熊猫 5 岁时开始性成熟。它发出的呻吟声或呜咽声是求偶的信号，通常会引来三四只雄性。此时一向幽居的大熊猫经历着一次性格的突变，它们会像牛一样"哞哞"地叫，或像狗一样发出哀号，甚至像狮虎那样咆哮。几只雄性大熊猫会一只围着另一只转，互相推搡、冲撞、厮打，角逐争夺"爱侣"。

　　每年的四五月份是大熊猫的繁殖季节，雄雌大熊猫少有地同居在一起；五月一过便又各奔东西。雌性大熊猫怀孕 4 ~ 5 个月就急着寻找树洞或石穴作为"产房"，它每胎产 1 ~ 2 仔，幼仔非常脆弱，常因为缺乏营养、气候恶劣而患病，或遭遇天敌而夭折。熊猫妈妈即使产下双胎也往往只能抚养其中一只，另一只则被饿死。不幸的是，受到妈妈偏爱的一只往往未必就是健壮的一只，这也是熊猫繁殖能力低下的原因之一。

　　别看成年大熊猫又大又胖，刚产的幼仔却只有老鼠大小，浑身覆盖稀疏的白毛，粉红色的嫩肉隐约可见，长约 20 厘米，重 150 克左右，像发育不全的早产儿，体重只有母体的千分之一。这种情况在哺乳动物中除袋鼠外绝无仅有，但是袋鼠有育儿袋，大熊猫却没有。可以想象，要把这样弱小的婴儿哺育成活是多么艰难。

　　熊猫妈妈常把熊猫幼仔搂在怀中，轻轻抚摸，外出时也把它衔在嘴里，或用背驮着，亲亲热热，形影不离。出生 10 天后熊猫幼仔开始出现毛色

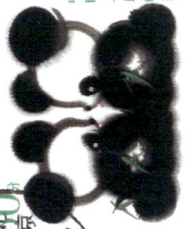

首日封 B—F.D.C.

中国（1985年）

变化；1个月后可增至3千克，但仍不能行走，眼睛不能感光；3个月后可增至5千克，视力达到正常；4个月开始吃竹叶；6个月可达12千克，这时妈妈就开始教它爬树、游泳、洗澡和剥食竹子等本领；一年半后，熊猫幼仔离开母亲开始独立的生活。

大熊猫的家族非常古老。距今几十万年前是大熊猫的极盛时期，它们曾广泛分布于中国东部。与其同时代的古动物，如剑齿虎、猛犸象、巨貘等均已因冰川的侵袭而灭绝并成为化石，唯有大熊猫因隐退山谷而遗存下来，并保持原有的古老特征，因而被誉为"活化石"。大熊猫现在主要分布于我国四川省凉山、邛崃山、大小相岭，四川与甘肃交界的岷山和陕西秦岭的南坡。据考证，大熊猫的古代名称有貘、白豹、虞等。最早人工饲养大熊猫是在2 100年前的西汉，当时陕西咸阳的皇宫动物园——上林苑里饲养的近40种动物中就有大熊猫。

大熊猫经过漫长的历史发展而能够生存到今天，说明它具有顽强的生命力。但由于受历史发展中不利因素的影响，它目前已处于濒危状态。在各种不利因素中，其内在原因是食性、繁殖能力和育幼行为的高度特化；外在原因则是栖息环境受到破坏，形成互不联系的孤岛状，导致种群分割，近亲繁殖，物种退化。再加上主食竹子的周期性开花死亡，人类的捕捉猎杀，天敌危害，疾病困扰等，造成目前大熊猫的生存受到严重威胁，面临濒危的境地。

进行人工繁育、异地保护大熊猫，可以减低野外天敌和疾病对大熊猫造成的危害、保障营养供给、消除恶劣气候的侵袭，从而大大提高大熊猫的繁殖能力和幼仔成活率。

中国（2021 年）　　　　　　　不丹（1990 年）

不丹（1997 年）

日本（1988 年）

朝鲜（2005 年）

泰国（2005 年）

俄罗斯（1993 年）

荷兰（安地列斯群岛）
（1997 年）

匈牙利（1977 年）

坦桑尼亚（1994 年）

澳大利亚（1995 年）

古巴（1979 年）

乌拉圭（2003 年）

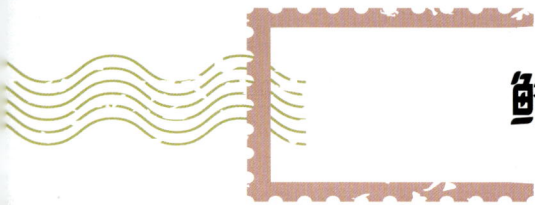

鳍脚动物

pinniped

　　鳍脚动物（pinniped）曾被分类为哺乳纲鳍脚目，因四肢特化成鳍状而得名，现属于哺乳纲食肉目，有 3 个科：海象科、海狮科和海豹科。

　　鳍脚动物分布于世界各大洋，是海生食肉兽，牙齿与陆栖食肉动物相似，以各种鱼类为主要食料，也吃蟹、乌贼和企鹅等。它们大小不一，头圆颈短，体表密被短毛，虽形态与陆兽有相似之处，但多数失去了站立和行走的能力，在陆地上行动笨拙缓慢，大多靠振动身体做蠕动状匍匐前进。它们的身体呈纺锤状流线型，有鳍状的四肢，后肢长在身体后端，五趾相连，趾间具蹼。它们擅长游泳，前肢划水，同时身体后部摆动；游泳的速度很快，而且俯仰自由，并可迅速变换方向；鼻和耳孔有活动瓣膜，潜水时可关闭鼻孔和外耳道；呼吸时上升到水面，仅露出头顶部，用力迅速换气，然后长时间潜水，游一段距离后再次上升呼吸。

　　鳍脚动物均富有厚厚的皮下脂肪，既防寒保暖，又能提供食物贮备，在水中还能产生浮力，因此它们能在寒冷的南北两极海域里自由生存。鳍脚动物一雄配多雌，多在水中活动，也常到海滩上休息；繁殖时期在海岛岸边或浮冰上进行交配、产仔、育幼和换毛。雌雄两性体形大小差别显著，雄性一般比雌性大一倍。

　　海豹（seal）是鳍脚动物中分布最广的一类，共有 19 种，包括鼻子能膨胀的象海豹，胡须很多的髯海豹（胡子海豹），体色斑驳的斑海豹等。既有体长 1 米左右的小海豹，也有长达 6 米的雄性象海豹。其共同特点是头部圆圆的，眼睛也是大而圆，无外耳郭，吻短而宽，上唇触须长而粗硬。全世界的南北两极、温带、寒带沿海地方都有各种海豹的足迹。在一些国家海滨公园的海豹池中，海豹整日游泳戏水，很是逗人喜爱，有的经过训练会表演玩球等节目。海豹身体浑圆，皮下脂肪很厚，显得膘肥体胖。两只后脚直直地伸向后方，犹如潜水员的两只脚蹼。游泳时，海豹多由后鳍肢以"8"字形划水方式推动身体迅速前进。在陆地上则通过蠕行或交替的"挺胸收尾"使身体前行，显得格外笨拙，也格外有趣，引人发笑。

　　海狗（fur seal）属于海狮科，主要活动在北太平洋，沿北美西海岸和亚洲东海岸的岛屿分布。它们的背部呈棕灰色，腹部色浅，后肢在水中方向朝后，

朝鲜（1991 年）

朝鲜（1994 年）

上陆后则可转向前方，用四只鳍肢在陆地上行走和攀爬，有时被称为步行海豹。海狗听觉和嗅觉都很灵敏，白天在近海游弋猎食，夜晚上岸休息；除繁殖期外无固定栖息场所。每年春末夏初进入繁殖季节，海狗们返回陆地。先期抵达的雄海狗纷纷抢占地盘，划分势力范围。一周后大群的雌海狗拥上岸边，自由婚配。强壮的雄海狗一般要和 15 ～ 60 头雌海狗交配。在长达 70 天的时间里，雄海狗不吃不喝，每天要和雌海狗交配 30 次，每次持续 15 分钟。雄海狗的体能如此强劲，全靠体内积累的脂肪。

海狮（sealion）与海狗同属一科，它们吼声如狮，有的雄海狮颈面部有长毛，因而有"海中狮王"之称。

海象（walrus）仅 1 种，身躯巨大，在高纬度海洋里，除了鲸，海象是最大的哺乳动物了。海象最引人注目的是它那一对巨大的獠牙，雄雌皆有，都很大，这是它们和其他鳍脚动物明显不同的地方；这对长牙其实是自上颌骨长出的犬齿，雄性的长牙长 75 ～ 95 厘米，雌性的长约 50 厘米，与大象的长牙是由门齿形成不同。海象的视觉差，皮肤粗糙而多皱纹，两眼眯细，这一点与大象在外貌上倒是有相似之处。海象喜群居，经常数千头簇拥在一起。夏季一来，它们成群结队地游到大陆岛屿岸边，或者爬到冰山上晒太阳，很是壮观。

海象爱睡懒觉，一生中大多时间是躺在冰上，有时也能在水里睡觉。平睡时半个脊背露出水面，像座浮动的小山丘，随波起伏；直睡时，头、肩露在外面，呼吸挺方便。海象为何能直睡呢？原来它的咽部有个气囊，囊内充满空气时，海象就能像气球般悬浮在水中。海象的嗅觉和听觉都十分灵敏，它们睡觉时，有一只海象在四周巡逻放哨，遇有敌情就发出公牛般的叫声，把其他酣睡的海象叫醒，大家迅速逃离。海象的硕大身体看似笨重，其实在水中活动敏捷，是游泳健将。海象的分娩也是在海水中进行的。

海象的皮下约有 10 厘米厚的脂肪层，能耐寒保温。海象还可以变换体色，即在陆地上与海水中皮肤呈现不同的颜色——在陆上血管受热膨胀，皮肤呈棕红色；在水中血管冷缩，血从皮下脂肪层挤出，可增强对海水的隔热能力，因而皮肤呈白色。

长期以来，人们对海象的习性了解不多，尤其是那对大獠牙的作用，常令科学家感到困惑不解——在高纬度地区，海象并无劲敌，白熊对它敬而远之，因而海象那獠牙似乎并无用武之地；海象有时也借助獠牙攀登冰山，或用它与情敌拼斗，但这不像獠牙的主要用途。后来科学家到海象的故乡——哈德逊湾进行了一番考察才恍然大悟，原来那獠牙的作用犹如耕

朝鲜（1996 年）

保加利亚（1991 年）

俄罗斯（曾用国名苏联）（1960 年）

俄罗斯（曾用国名苏联）（1977 年）

俄罗斯（曾用国名苏联）（1978 年）

俄罗斯（曾用国名苏联）（1989 年）

犁，是海象用来在海底进行耕耘的。獠牙犁过之处，马上显出两道约50厘米深的垄沟。犁过两三米后，海象就捧着收获物，诸如海螺、贝壳类软体动物向上游，快游到水面时它把猎获物撒开，然后转回头下沉，在水里继续捕捉食物、进食。海象还有一个习性，它们在陆地上会实行"斋戒"，不吃任何东西。

为了获取海象的长牙、油脂及肉，很多国家竞相猎捕海象，致使海象数量锐减。海象已是一种珍稀动物。在1972年制定的《国际海洋哺乳动物保护条例》中，人们已经把海象列为保护对象，禁止任意捕杀。

俄罗斯（曾用国名苏联）（1990 年）

俄罗斯（1993 年）

坦桑尼亚（1994 年）

西班牙（1978 年）

匈牙利（1987 年）

澳大利亚（南极领地）
（1988 年）

澳大利亚（南极领地）（1992—1993 年）

澳大利亚（南极领地）
（2001 年）

加拿大（纽芬兰）
（1880—1896 年）

美国（1996 年）

鲸
whale

鲸（whale）属哺乳纲鲸目，因形状同鱼相似，俗称鲸鱼，分布在世界各海洋中。

鲸与鱼区别很大：鲸是胎生哺乳动物，鱼是卵生脊椎动物；鲸用肺呼吸，鱼用鳃呼吸；鲸是恒温动物，鱼是变温动物……

鲸有两大类：一是须鲸类，口中没有牙齿，只有鲸须，鼻孔有 2 个，如长须鲸、蓝鲸、座头鲸等；二是齿鲸类，口中有牙齿，没有鲸须，鼻孔只有 1 个，如抹香鲸、独角鲸、虎鲸等。鲸的体形差异很大，小型鲸体长只有 1 米左右，大型的则长达 30 米以上，如蓝鲸。蓝鲸平均体重150 吨，相当于 30 头大象或 300 多头黄牛，力气巨大无比，是地球上有史以来的最大动物。蓝鲸张开嘴足可容 10 个成年人自由进出。蓝鲸能长成这样的大块头，一是海洋里食物丰富；二是海水浮力大，能够支撑起蓝鲸的巨大身躯。蓝鲸与人的大小比例可参见第 264 页最下排的纳米比亚邮票。

为适应水中生活，减少阻力，鲸的身体呈流线型，梭状，颈部不明显，后肢已完全退化，前肢变成划水的桨板，多数种类背上有鳍，尾呈水平鳍状，是主要的运动器官。鲸的潜水能力很强，但仍需要不断浮出水面呼吸空气。有时我们可以在海面上见到鲸呼气时喷出的一股股白色雾柱，可高达 10 余米，状如喷泉，极为壮观。鲸体内拥有许多特殊的构造，因此它能够长时间待在深水中屏住呼吸、减慢心跳速度，如长须鲸可在水下三五百米处待上 1小时，最大的齿鲸——抹香鲸能潜至 1 000 米以下，并在水中持续待上 2 小时之久。

鲸有特殊的"语言天赋"，研究表明，虎鲸能发出 60 多种不同的声音，而且不同声音有不同的含义。生活在不同海区里的虎鲸，使用的"语言音调"也有差异，类似人类的方言。海洋中的"歌唱家"要首推座头鲸，它能发出一连串优美动听的歌声，并可持续 30 分钟，然后再从头唱起，其歌声抑扬顿挫、婉转悦耳，能与鸟儿的歌唱相媲美。

鲸遨游大海时不会迷失方向，因为它们具有一项特殊的本领——能发出超声波并且接收超声波来给自己定方向；遇到危难时，鲸还能利用这种

中国（2010 年）

中国（台湾）（2002 年）

朝鲜（1992 年）

超声波及时向鲸群发出警报并一起逃跑。海洋科学家发现，一群座头鲸为寻找更温暖的水域过冬，从南极洲海域向中美洲的太平洋沿岸迁徙，跨越赤道，长途跋涉达 8 300 千米，创造了哺乳动物迁徙路程最远纪录。

由于人类的过度捕杀，目前全世界已至少有 5 种鲸濒临灭绝。为保护鲸类，国际捕鲸委员会已自 1986 年起禁止商业捕鲸活动。

蒙古（1990 年）

越南（1985 年）

保加利亚（1991 年）

俄罗斯（曾用国名苏联）
（1990 年）

俄罗斯（1993年）

纳米比亚（曾用国名西南非洲）（1980年）

南非（1998 年）

澳大利亚（南极领地）
（1988 年）

澳大利亚（南极领地）
（1995 年）

澳大利亚（1998 年）

加拿大（1968 年）

墨西哥（2002—2003 年）

海豚和淡水豚

dolphin and River dolphin

海豚（dolphin）属于哺乳纲鲸目齿鲸亚目海豚科，共约 36 种，分布于世界各大洋中。

海豚一般体长为 1.2 ～ 4.2 米，体重为 23 ～ 225 千克，喜欢过"集体"生活，少则几头，多则几百头聚在一起，其食物主要是鱼，另有乌贼、虾、蟹等。

海豚多数具有较明显的喙，上下颌各有 90 ～ 100 颗圆锥形的牙齿。它们会用牙齿捕捉猎物，但不会咀嚼，因而是把鱼整条吞下。海豚每天的进食量是其体重的 4% ～ 8%，例如一头 200 千克的海豚，每天进食约 12 千克。此外，海豚虽然生活在大海中，身体所需的水分却并非来自海水，而是完全依赖所吃的鱼体内的水分，因而如果超过 3 天不吃鱼，海豚就会有失水而死的危险。

鲸类动物都具有一套声呐系统，其中以海豚的最为精密，它们能利用声波分毫不差地测出附近物体的形状和位置，全部过程只需 2 秒。海豚靠回声定位来判断目标的远近、方向、位置和形状。有人曾做实验，把海豚的眼睛蒙上并把水搅浑，它们照样可以迅速、准确地捕获到猎物。海豚和它的近亲即其他鲸类一样，一天到晚不停地发出各种声音，并且可以传到好几千米远，借此联络同伴、相互沟通，或发出求救的信号。据统计，海豚能发出 30 多种不同的声音，每头海豚都有属于自己的特别叫声，同一族群的海豚之间甚至能够分辨出对方"姓甚名谁"。

海豚还有异乎寻常的潜水和游泳本领。和其他鲸一样，海豚也是用头顶的气孔呼吸，它们会游出水面呼气，待再次潜入水中前，深深地吸一口气。经过测试发现，海豚的潜水记录是 300 米深，而人不穿潜水衣至多只能下潜 20 米。至于它的游泳速度人类更是望尘莫及，可达每小时 40 千米，这相当于鱼雷快艇的中等速度了。通常动物在水中游动时，总会造成一些小小的漩涡，这些小漩涡往往会影响其游速，海豚解决这个问题有其独特的办法。海豚身体上滑溜溜的皮肤并不是紧绷的，而是富有弹性的，海豚游动时会收缩皮肤，使上面形成很多小坑，把水存进来，

中国（1980 年）

中国（2000 年）

中国（台湾）（2002 年）

朝鲜（1990 年）

朝鲜（1992 年）

柬埔寨（1993 年）

这样在身体的周围就形成了一层能和海豚的身体同时移动的"水罩"，借助这个"水罩"的保护，海豚游动时几乎就没有什么摩擦力，自然就游得飞快了。

海豚是一种聪明伶俐、本领超群的海洋哺乳动物，有"海中智叟"之称。从解剖学的角度来看，海豚的大脑非常发达，不但体积大、分量重，而且大脑半球上的脑沟纵横交错，形成复杂的皱褶，大脑皮质每单位体积的细胞和神经细胞的数目都非常多，神经的分布也相当复杂。海豚的大脑由完全隔开的两部分组成，当其中一部分工作时，另一部分可以休息，因而海豚能够终生不眠。在水族馆里，海豚能够按照驯养员的指示表演各种精彩美妙的动作，如打乒乓球、跳火圈等；它们似乎能理解人类所传递的信息，并采取相应的行动，令人赞叹。

海豚与人接近时常常表现出一副温顺可亲的模样，至今尚未有海豚伤人的记载，它们对待人类甚至比狗和马更为友好。海豚搭救落水者的故事，我们已经耳熟能详，海洋中的野生海豚与人玩耍、嬉戏的报道也时有耳闻。海洋动物学家认为，海豚救人的美德，来源于海豚对其子女的"照料天性"。由于海豚是用肺呼吸的哺乳动物，每隔一段时间就得把头露出海面呼吸，对于刚出生的小海豚来说，最要紧的事就是尽快到达水面。海豚母亲用喙轻轻地把小海豚托起来，或用牙齿叼住小海豚的胸鳍使其露出水面，直到小海豚能够自己呼吸为止。这种照料行为是海豚及所有鲸类的本能行为，是在长期自然选择过程中形成的，这对于延续种群、保护同类都十分必要。由于这种行为是不问对象的，故一旦海豚遇上溺水者，常会误认为是一个如小海豚之类的漂浮物体，就会产生类似的推举反应，从而在客观上使人得到救助。实际上，海豚营救的对象并不只限于人，它们同样会搭救体弱有病的同伴及海洋中的其他动物。海豚也因此有了一个"海上救生员"的美名。许多国家都颁布了保护海豚的法规。

江豚（finless porpoise）是对海水、淡水均适应的小型豚类，习性与海豚相似，分布于西太平洋、印度洋、日本海和我国渤海、黄海、东海、南海和长江等水域，目前已被列为国家二级保护动物。

淡水豚（river dolphin）中的白鱀豚（Yangtze river dolphin）在长江里大约生活了2 500万年，是世界上现有5种淡水豚中存活头数最少的一种，可谓淡水豚中的一朵奇葩。白鱀豚原属喙豚科，20世纪70年代末，根据中国科学家周开亚教授的建议，单独设立了白鱀豚科。

蒙古（1990 年）

保加利亚（1991 年）

俄罗斯（曾用国名苏联）
（1990 年）

俄罗斯（曾用国名苏联）
（1991 年）

白鳍豚的大脑表面积要比海豚的大，大脑的重量约占总体量的0.5%，一头重95千克的雄豚，大脑重470克。这个重量已接近大猩猩与黑猩猩的大脑重量，某些学者甚至认为白鳍豚比长臂猿和黑猩猩更聪明。由于数量奇少，白鳍豚不仅被列为我国一级保护动物，还是世界12种最濒危动物之一。由于生存环境恶化，白鳍豚已处于灭绝边缘，属于"功能性灭绝"。

坦桑尼亚（1994 年）

澳大利亚（1998 年）

古巴（1994 年）

墨西哥（2002—2003 年）

象
elephant

象（elephant）属哺乳纲高鼻目象科，是现代地球上最大的陆生脊椎动物，人们称之为大象。

象群的种类原先有很多，曾经遍布除大洋洲和南极洲之外的所有大陆，后来大部分绝灭了，如今幸存的只有亚洲象和非洲象两个种群。

象的身高可达 3 米多，体重可达 6 000 千克，生长发育缓慢，母象妊娠期长达 22 个月。幼象一出生就重 100 多千克，每次要吃 1 千克奶才能满足，母亲一天要喂小象 7 千克奶。在头 5 年，小象紧跟在母亲身旁；13 岁以前一般都由母象看护，但不一定是小象的亲生母亲。因为在象群里，每头母象都有照管小象的义务，都要给任何一头小象以母爱。

象群行动时一般以家庭为单位，表现为"女权政治"。在前面领头的是一头母象，可能已是祖母了，后面跟着它的女儿们和女儿的女儿们。公象长到 15 岁就必须离群，只偶尔回来看看，所以家庭的存在和安全都是靠母象来支撑和维持。例如，一头小象得重病时，象母亲的叫喊声使全家都忙碌起来，首先是象祖母远望四方看是否有食肉动物来进攻，其他的母象在一旁嚎叫，以表示共同御敌的决心。病中的小象无论多么虚弱也必须站起来，否则它会因肺被沉重的身体压破而死亡。象母亲则用鼻子轻轻抚摸着小象的脊背，给予它安全、温暖和母爱。

在动物中最长的牙是象牙，即象的上门齿。象的牙齿共有 26 颗，巨大的前臼齿和臼齿能磨碎坚硬的食物。在象的一生中象牙不断地生长，一头公象在 60 多岁时，其牙可重达 60 千克，长 2 米多。母象的牙相对小一些。亚洲象只有雄性才有突出的象牙。

象最突出的特征就是有一条布满数万条肌肉的长鼻子，既强韧有力，又柔软灵活，而且可以随意伸缩。这条鼻子像是一只灵巧的手，象不论是吃东西、剥香蕉，还是与同伴轻柔抚触，都要靠它，甚至能使用它捡起地上的硬币。象发威的时候，或者甩鼻一挥，重击敌人；或者用鼻把对方缠绕卷起，猛地往地上掼。鼻子是象的战斗武器，再配合上长牙，威力是巨大的。但象天性温和，并不滥用武器，只有在自卫或保护同类的时候，才施展其威力。

中国（2008 年）

柬埔寨（1997 年）

老挝（1987 年）

马来西亚（北婆罗洲）
（1909—1922 年）

缅甸（1938—1940 年）

英语中的"An elephant never forgets（象永远不会忘记）"则是形容象绝佳的记忆力。一头驯化的工作象可以记得至少 40 个来自象夫的指令；它能同时辨认许多人、动物，记得生活的点点滴滴。象的平均寿命达五六十年，它一辈子都不会忘记曾经受过的恩惠与伤害。

中国人与象的关系密切，中华文化起源的时候，人就与象为伍了，在甲骨文的象形文字中，从象形貌转换而来的"象"字就是证明。3 000 年前青铜器时代的商朝，就有殷人骑象攻打东夷的纪录。当时黄河流域森林覆盖率高，象在华北平原上悠游漫步，极为平常。象长长的象牙，是中国工艺品最上乘的精品材料；坚硬的象皮，被制成抵挡弓箭的盔甲；就连皇帝驾崩之后，也用雕刻的巨大石象镇守在皇陵之前，表示生生世世捍卫着皇权。明代以来，中国傣族的最高统治者划地养象，设有象官、象奴，给养象田，作为坐骑的象就好比今天的高级轿车，是尊贵身份的象征。

古印度的宗教文学文献《吠陀经》提道，公元前 1500 年就已经有驯化的象。在印度和缅甸等地，亚洲象不只是一头会驮重或征战的动物，人们的生活及文化已经和象联为一体，不可分割（见第 273 页上马来西亚、缅甸和第 275 页上泰国等国邮票）。印度有一门学问，叫作象学（Gajasastra）。即使今天亚洲象数量锐减，印度的象仍然占亚洲象的一半以上。

象力大无穷，但在马戏团里的象表演结束后常被驯象师用绳子拴在木桩上而不会挣脱。为什么呢？原来马戏团里的象从小就开始受训练。童年时期的小象很调皮，玩性又大，故驯象师就用绳子把小象拴在木桩上，而由于小象力量小，并无法将木桩拖出来；时间久了，象经历过无数次的失败后，只要再被拴在木桩上，象就认为自己是无法挣脱的，就变得安分了。其实象是被自己以前的观念所束缚，不了解自己的力量已有很大提高，从而放弃了挣脱木桩的念头。

ELEPHANTS OF SRI LANKA

SRI LANKA 2.50 *Elephas maximus ceylonensis*	SRI LANKA 10.00 *Elephas maximus ceylonensis*
SRI LANKA 17.00 *Elephas maximus ceylonensis*	SRI LANKA 50.00 *Elephas maximus ceylonensis*

79.50

斯里兰卡（1998 年）

泰国（2007 年）

印度（锡尔莫尔）(1895—1899 年)

保加利亚 (1988 年)

俄罗斯 (1993 年)

贝宁 (1979 年)

刚果 (1994 年)

刚果民主共和国（曾用国名属刚果）
（1894—1901年）

几内亚比绍（1988年）

科特迪瓦（曾用国名象牙海岸）
（1983年）

利比里亚（1897—1905年）

利比里亚（1906年）

利比里亚（1921年）

毛里求斯（1982年）

莫桑比克（1895 年）

南非（2001 年）

索马里（意属贝纳迪尔）

（1903 年）

坦桑尼亚（1991 年）

坦桑尼亚（1991 年）

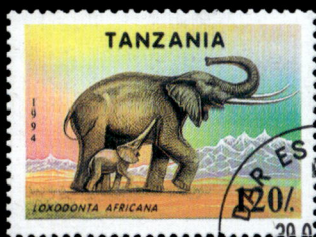

坦桑尼亚（1994 年）

尼加拉瓜（1986 年）

马
horse

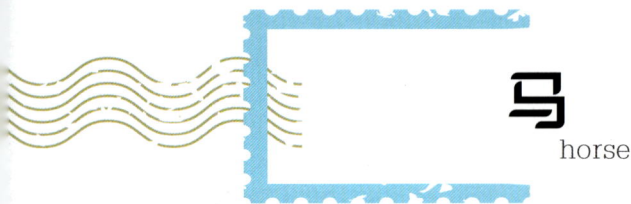

马（horse）属哺乳纲奇蹄目马科，是世界上最能独立生活的动物种类之一，刚出生的小马驹不到 10 分钟便能站立行走。

马的品种大约有 60 种，寿命为 30 年左右，毛色分黄、黑、赤和杂色。马的平均妊娠为 11 个月，和人类一样每胎产 1 仔，有时会有双胞胎或多胞胎。

马以草为食，是素食动物，所以它与食肉类动物无争，也从不侵害别的动物。马有一口坚固的牙齿，能磨碎野草、谷物等粗糙植物，它的肠胃能分解许多难以消化的高纤维质食物。马的视力很好，其视野宽阔，可达 330～360 度，而且能够看得很远，这使马能及时发现危险并快速做出反应。马超凡的嗅觉和听觉也发挥着很大的防御自卫功能。马有着十分发达的神经系统，在直觉、记忆力及判断力上甚有天赋。马识路和认人的记忆力是惊人的，即使离开了数月甚至数年，它仍能返回原地（即返巢行为），故有"老马识途"一说。人们利用马的记忆力，对其强化训练某些动作，可使它们建立起稳定的后效行为，如舞步、定时定点排粪便等。俗话说"好马不卧，好牛不站"。马能在站立的状态下睡眠并得到良好的休息，原因是它的前肢骨骼结构呈垂直方向，并有强健的肌腱和韧带束缚，站立中无须很多肌肉紧张收缩即可保持稳定。在所有身材高大的动物中，马的各部位的比例最匀称，形象最优美。

马的个性很强，虽然外表显得很温顺、很安静，但它在与同类的竞争中有着累死也不认输的性格，马所具有的强烈竞争意识是其他动物所不及的。马是一种舍己为人的动物，在战争中，马与人共同分担战争的辛苦，分享征战的光荣。在战情紧急时，马表现得勇猛无畏，一往直前，许多马在枪林弹雨中倒下，有些马由于剧烈奔跑而累死在战场上。

马在中华民族的文化中地位极高，具有一系列的象征和寓意，马是刚健、明亮、热烈、高昂、升腾、饱满、昌盛、发达的代表。龙马精神是中华民族自古以来所崇尚的奋斗不止、自强不息、进取向上的民族精神。中国人的祖先认为，龙马就是仁马，它是黄河——我们母亲河的精灵，是炎黄子孙的化身，代表了华夏民族的主体精神和最高道德。马又是能力、圣贤、人才、有

中国（1956 年）

中国（1961 年）

中国（1978 年）

作为的象征，如人们常将人才、栋梁等比作"千里马"。在中国的成语中，含有"马"字的不计其数，如一马当先、一马平川、马首是瞻、马到成功、万马奔腾，等等。

"天马来兮从西极，经万里兮归有德。承灵威兮降外国，涉流沙兮四夷服。"这是汉武帝从西域古国大宛得千里马后所作的《西极天马歌》。1969年在甘肃武威雷台东汉墓中出土的青铜奔马——马踏飞燕，是"天马"入汉唐、马种改良的具体写照。

中国已经发行了多套与"马"相关题材（不含生肖邮票）的邮票，如1958年发行的《东汉画像砖》邮票，其中第4枚是"马车过河"；1961年发行的《唐三彩》邮票以三彩陶马为主；1978年发行的《奔马》套票，全套邮票图案均选取中国著名画家徐悲鸿的原画作品，其中第一枚是徐悲鸿的最后一幅奔马图；1988年发行的《敦煌壁画》邮票，其中"狩猎"和"战斗"描绘了骑马场面；1990年发行了《秦始皇陵铜车马》；1995年发行的《虢国夫人游春图》套票，邮票图案是唐代画家张萱的画作，描绘了一群骑马执鞭，徐徐前行的游人；1997年发行的《中国旅游年》邮票，邮票图案突出显示活动标志之一的"马踏飞燕"；2001年发行了《昭陵六骏》套票，驰名中外的"昭陵六骏"是唐代石雕艺术珍品；2006年发行的《神骏图》套票，邮票图案是唐代韩干的画作，是一幅历史故事画，描绘了僧人支遁爱马的故事；2014年发行的《浴马图》套票，邮票图案是元代画家赵孟頫画作，分入池、洗浴、出池3个细节描绘了奚官浴马的情景。

西方马术缘起于12世纪中叶欧洲王室，当时非王公贵族不得参与，可见马术运动在当时是何等的高贵气派。由于马是最具贵族气质的生灵——潇洒的外表、宁静的内心和勇于拼搏的精神，马术运动的参赛者皆穿着高档华丽的礼服出场，使得马术运动的观赏性十足，往往能吸引大量的观众，因此被誉为"运动的王者"，直至今天仍被欧美公认为第一贵族运动。18世纪末，马术成为一个独立的体育项目，在1900年的第二届奥运会上马术被列为正式的比赛项目。奥运会的马术比赛共设3项6枚金牌，它们是障碍赛（个人、团体），盛装舞步赛（个人、团体）和三项赛或三日赛（个人、团体）。马术运动是目前奥运会比赛中唯一的一项由人与动物共同合作完成的项目，人马之间的互动，涉及生理、体能、心理、技术、观念、感觉等多种因素，使得马术运动成为最具挑战性的运动之一。

中国（1978 年）

中国（1988 年）

中国（1990 年）

　　今天在西方国家，养马者一般为贵族阶层，成为知名骑士俱乐部的马主会员不仅是身份的象征，还能结交一些具同样身份和地位的朋友。此外，马术运动十分讲究仪表，一个骑士的装束能够反映出他的品位和身份，在马术运动中浸染久了，举手投足间便透着由内而外的高贵气质。

　　直到20世纪初，在运输、邮递乃至犁地等人类活动中，马都是重要的工具。人与马的关系非常亲密。比如阿拉伯人，无论多么贫穷，也要拥有马；过去，当一家阿拉伯人只有一顶帐篷时，这顶帐篷同时也是马厩，骒马、马驹、丈夫、妻子、孩子都住在同一帐篷里，大家和和睦睦，亲密无间。

中国（1995年）

中国（1997年）

中国（2001年）

中国（2006年）

中国（2014年）

中国（2014 年）

中国（澳门）（1938 年）

阿富汗（1984 年）

阿塞拜疆（1993 年）

朝鲜（1978 年）

朝鲜（1978 年）

朝鲜（1979 年）

朝鲜（1991 年）

卡塔尔（1997 年）

老挝（1987 年）

蒙古（1988 年）

日本（1990 年）

土耳其（1968—1969 年）

土库曼斯坦（1992 年）

印度（1937—1940 年）

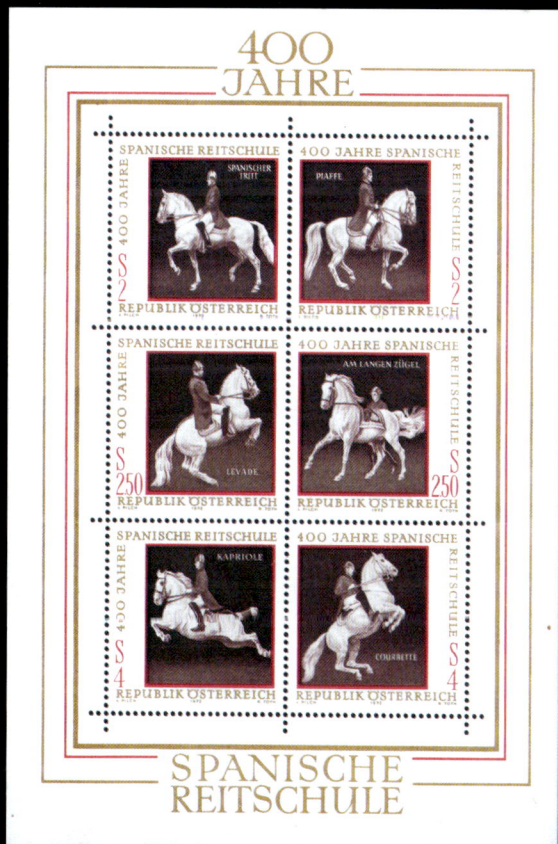

400 JAHRE

SPANISCHE REITSCHULE

奥地利（1972 年）

奥地利（1908—1916 年）

白俄罗斯（1992 年）

白俄罗斯（1993 年）

保加利亚（1974 年）

保加利亚（1991 年）

290

比利时（1910 年）

比利时（1910 年）

比利时（1920 年）

波兰（1919 年）

波黑（1906 年）

俄罗斯（曾用国名俄罗斯帝国）
（1905 年）

俄罗斯（曾用国名俄罗斯帝国）
（1905 年）

俄罗斯（曾用国名苏联）
（1941—1943 年）

俄罗斯（曾用国名苏联）
（1977 年）

俄罗斯（曾用国名苏联）
（1989 年）

俄罗斯（曾用国名苏联）
（1990 年）

德国（1921 年）

德国（1996 年）

荷兰
（1943—1944 年）

罗马尼亚（1994 年）

葡萄牙
（1953—1956 年）

瑞典（1924 年）

瑞士（1960—1963 年）

292

瑞士（1990—1995 年）

希腊（1896 年）

匈牙利（1946 年）

匈牙利（1971 年）

匈牙利（1977 年）

匈牙利（1979 年）

匈牙利（1985 年）

匈牙利（1987 年）

英国（1913 年）

意大利（1911 年）

埃及（1978—1985 年）

澳大利亚（1998 年）

美国（1869 年）

美国（1898 年）

美国（1914 年）

美国（1978 年）

美国（1995 年）

墨西哥（1895 年）

危地马拉（1902 年）

阿根廷（1941 年）

巴西（1985 年）

委内瑞拉
（1940—1944 年）

乌拉圭
（1910 年）

智利（1910 年）

斑马
zebra

斑马（zebra）属哺乳纲奇蹄目马科，身材比马小，比驴大，4岁成年，寿命约30年。

斑马是著名的非洲动物之一，体形优雅，具有马的外形、鹿的轻盈，全身布满黑白相间的条纹。斑马的头上、身上、腿上、耳朵上和尾巴上的条纹较窄，在圆润、多肉的臀部，条纹间隔则逐渐增宽，流畅地描绘出身体的轮廓。如今，马路上的人行横道就是用油漆涂成像斑马身上的条纹那样的一排白色横线来标示的，称为斑马线。

斑马的条纹就像人类的指纹一样千差万别，科学家通过这些特殊标记来判别它们的种类，区别同种之间的不同个体。同时，这些条纹也是一层保护色，使得斑马能隐入周围环境，躲避敌害和危险，这是长期自然选择和适应环境的结果。当阳光或月光照射在斑马身上那黑白相间的条纹上时，由于反射的光线各异，使斑马的轮廓显得模糊，这样其他动物就很难把它从周围环境中分辨出来。此外，黑白条纹还可以起到防御舌蝇叮咬的作用。舌蝇是非洲的一种有害昆虫，被它叮咬后的动物易患昏睡病。斑马的黑白条纹使舌蝇感到目眩，注意力分散，所以它就不敢靠近斑马，斑马也因此避免了舌蝇的叮咬。人类从这种现象中得到启示，将条纹保护色的原理应用到海上作战方面，在军舰上涂上类似于斑马条纹的色彩，以此来模糊对方的视线，达到隐蔽自己、迷惑敌人的目的。

斑马以嫩叶和青草为食，在非洲的山地、草原或半树林半平原地带到处可以看到它们的身影。因为需要经常喝水，所以它们很少到远离水源的地方去。

斑马是群居性的，由一匹雄马、数匹雌马和马驹组成家族群。它们对周围的环境始终保持高度警觉，无论干什么，总有一匹斑马放哨，一旦发现敌情，"哨兵"就发出嘶鸣声报警，提醒大家迅速逃走。为了御敌，斑马有时也和鸵鸟、羚羊、长颈鹿等一起生活，实行弱者联合，以便发现敌害时彼此照应，及时脱离险境。斑马跑得很快，其速度可达60多千米每小时。

蒙古（1991年）

捷克斯洛伐克（1976年）

埃塞俄比亚（2001年）

贝宁（1999年）

几内亚比绍（1989年）

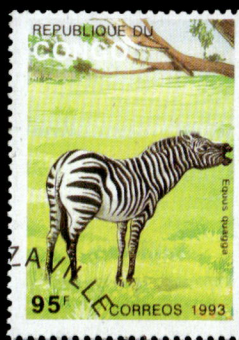

刚果（1993年）

现今生活在非洲的斑马有3种，即山斑马、细纹斑马和草原斑马。曾经有过第4种——斑驴，其脖子和头部有棕色和白色相间的条纹，身体是棕色的，由于过度捕猎已于1861年灭绝。目前斑马的数量正在逐步减少，北非的斑马已被国际自然保护联盟列为濒危动物，但在人类的饲养下多数斑马比较容易繁殖。

卢旺达（1965 年）

卢旺达（1984 年）

莫桑比克（尼亚萨）（1911 年）

莫桑比克（尼亚萨）（1921—1923 年）

莫桑比克（尼亚萨）（1924 年）

南非（博普塔茨瓦纳）（1983 年）

尼加拉瓜（1986 年）

犀牛

rhinoceros

犀牛（rhinoceros）属哺乳纲奇蹄目犀科，在地球上生存已超过5亿年，是最原始的动物之一。

世界上共有黑犀牛、白犀牛、双角犀牛、小独角犀牛和独角犀牛等5种，都生活在非洲和亚洲的温暖区域。

犀牛非常强壮，是仅次于大象的第二大陆生动物，体长通常为2～4米，最长者可超过4米，身高2米多，体重1 000～3 600千克，最重者可达6 000千克。犀牛一般是灰色或棕色，而且大都没有毛发。它们的躯体异常粗笨，短柱般的四肢，庞大的头部，全身披着铠甲似的厚皮，吻部上方长有单角或双角，头的两侧生有一对小眼睛。犀牛的前脚有3趾或4趾，后脚有3趾。

犀牛4岁成熟，其寿命可长达50年以上，一般每胎产1仔，一生也只能生5～6胎，故而种群数量稀少。犀牛是草食动物，通常吃各种多汁的植物，每日食草量达半吨左右。一头成年雄犀牛要占有大约10平方千米的领地，犀牛在固定的地方排便，积攒成堆，还经常用角在粪堆周围掘出沟，这些粪堆可以作为划分它们地界的标记。

犀牛善于利用声音来交流，公犀牛和母犀牛在求偶时都会吹口哨，它们会用鼻子哼叫、咆哮、怒嚎，打架时还会发出呼噜声和尖叫声。犀牛眼睛很小而且近视，但听觉和嗅觉十分敏锐。犀牛躯体庞大，相貌丑陋，爱睡大觉，喜欢群居，经常可以看到十来头白犀牛在一起。一般来说犀牛比较胆小，宁愿躲避而不愿战斗，不过一旦受伤或陷入困境时它们却异常凶猛，往往盲目地冲向敌人。犀牛对幼仔爱护备至，跟幼仔在一起时，平日里温顺的母犀牛会因为一点点刺激而发起突然攻击。犀牛近距离奔跑的速度可以达到每小时45千米，并且能在很小的空间急速转弯。一些大型猫科动物，如狮、虎等有时会偷猎幼犀牛，但成年犀牛除人类外几乎是没有天敌的。

犀牛最大的特点是它们的角。犀牛种类不同，角的数量也不同。非洲的白犀牛和黑犀牛都有两只角，而亚洲只有苏门答腊的双角犀牛有两只角，印度的独角犀牛和爪哇的小独角犀牛都只有一只角。犀牛角每年可以长

柬埔寨（1994 年）

马来西亚（北婆罗洲）
（1909—1922 年）

蒙古（1991 年）

保加利亚（1988 年）

德国（2001 年）

捷克斯洛伐克（1976 年）

几内亚比绍（1989 年）

津巴布韦（1980 年）

七八厘米，一般长度为 60～100 厘米。犀牛角的构成是独一无二的。鹿角、羚羊角等都有一个骨质的核心，外面覆盖着角蛋白，而犀牛角则完全是由角蛋白构成的。角蛋白是人的头发、指甲的主要成分，犀牛角理应很柔软，实际上却异常坚硬。原来犀牛角的中心有一些致密的矿物沉积，成分主要是钙和一些黑色素，沉积的钙让犀牛角有了一定的硬度，再通过与地面和植被的摩擦，犀牛角的尖端变得非常尖利。于是，犀牛就有了这样一个锋芒利器作为护身法宝。

犀牛的皮肤虽很坚硬，远远看上去像是披了一身盔甲，但实际上它的皮肤很松弛，皮下脂肪发达，故有许多褶皱，褶缝里的皮肤十分娇嫩，常会钻进不少寄生虫。为了赶走这些讨厌的虫子，它们经常要在泥水中打滚抹泥。有趣的是有一种犀牛鸟经常停在犀牛背上啄食犀牛身上的寄生虫，客观上为犀牛清除了寄生虫，成为犀牛的外科医生兼"哨兵"——若是发现什么情况，犀牛鸟会骤然飞起来，同时大声鸣叫，似乎在向犀牛报警："朋友，注意！朋友，注意！"犀牛的悠闲自得与犀牛鸟的忙碌警觉，常常形成了有趣的对照。

在很多民族的文化中，犀牛角都被当作是神秘、勇气的象征。阿拉伯国家把犀牛角看作社会级别的象征；在也门和阿曼，犀牛角被用来制作仪式上使用的匕首手柄，还有人用它制作名贵的工艺品。犀牛角是名贵的中药，在中国、韩国和一些东亚国家，犀牛角常被制成药材。

目前犀牛的最大威胁来自人类，以获取犀牛角和犀牛皮为目的的过度猎杀，已经使犀牛变得非常稀少。现存的 5 种犀牛中，有 3 种处于绝种的边缘，其余 2 种将来也可能会绝种。为了保护它们，犀牛已被列为国际保护动物，现在世界上所有有关犀牛角的贸易都已被禁止。

南非（博普塔茨瓦纳）（1983 年）

南非（1993 年）

南非（2001 年）

坦桑尼亚（1986 年）

坦桑尼亚（1993 年）

澳大利亚（科科斯群岛）
（1994 年）

尼加拉瓜
（1986 年）

猪
pig

猪（pig）属于哺乳纲偶蹄目猪科，为杂食类动物，一般多指家猪。

我国养猪已有五六千年的历史，猪为十二生肖之末。猪体肥肢短，易饲养，繁殖快，有黑、白、酱红或黑白花等肤色，平均寿命为20年。

猪的动作和形态都比较笨拙，所以人们就以为猪很笨，这实际上是误解。对猪的生活习性进行长时间的观察与研究之后，现在人们已知道猪是一种善良、温顺、聪明的动物。今天已经有人把可爱的小猪当作宠物了。

猪生来就爱拱土，拱土觅食是猪采食行为的突出特征。猪鼻子是高度灵敏的嗅觉器官，在觅食时起着决定性的作用。猪的采食是有竞争性的，在猪舍内吃食时，每头猪都力图占据食槽的有利位置。群饲的猪比单饲的猪吃得多、吃得快，体重增加也快。猪的饮水量相当大，通常饮水与采食同时进行。

猪常给人"肮脏"的印象，其实在良好的管理条件下，猪是家畜中非常爱清洁的动物。猪不在吃睡的地方排粪尿，这是其祖先遗留下来的本性，野猪也从不在窝边拉屎撒尿，以避免被敌兽发现。猪在猪栏内的一个固定地点和固定时间排粪尿，以保持睡窝的干洁。

在猪群内，个体之间保持和睦相处。当一头陌生猪闯入时，便会成为全群攻击的对象，轻则伤其皮肉，重则造成死亡。如果将两头陌生的性成熟的公猪放在一起，彼此会发生争斗——它们相互打转，或两前肢趴地，发出低沉的吼叫声，然后厮打在一起；格斗很少造成伤亡，但可能持续1小时之久，战败的猪往往调转身躯，号叫着逃离现场。为争夺饲料和地盘，两猪群之间也会有激烈的争斗。

母猪很注意保护仔猪，在行走、躺卧时十分谨慎，不踩伤、压伤仔猪。带仔母猪对外来的侵犯警惕性很高，它们会先发出警报的吼声，然后张合上下颌对侵犯者发出威吓，甚至进行攻击。刚分娩的母猪在饲养人员捉拿仔猪时也会表现出强烈的攻击行为。

猪大都活动在白昼，休息高峰在半夜。仔猪一昼夜的休息时间平均占总时间的60%～70%，种猪占70%，肥猪占70%～85%，母猪占

中国（1960 年）

阿富汗（1984 年）　　　　朝鲜（1990 年）

马来西亚（北婆罗洲）
（1909—1922 年）

越南（1988 年）

80％ ~ 85％。

　　小说《西游记》中的猪八戒性格温柔，又会取悦女性，是一个受很多人喜爱的角色。在英语中，"eat like a pig" 是形容人的吃相难看，而且吃得太多；相应地，"eat like a bird" 则表示吃相秀气，而且吃得很少。

　　世界上第一枚展现"猪"形象的邮票于 1909 年在北婆罗洲（现为马来西亚沙巴州，曾是英国保护地）发行，邮票上是长鬃野公猪 [见第305 页上的马来西亚（北婆罗洲）邮票]。

英国（泽西岛）（2007 年）

布基纳法索（曾用国名上沃尔特）
（1981 年）

新西兰
（1995 年）

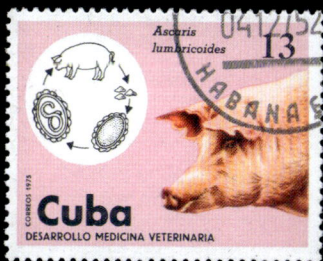
古巴（1975 年）

尼加拉瓜（1984 年）

骆驼
camel

骆驼（camel）属哺乳纲偶蹄目骆驼科，有单峰驼和双峰驼。

骆驼原产于北美，后来分布范围扩大到南美洲和亚洲，而在其产地则已消失。单峰驼饲养于阿拉伯、印度及北非；双峰驼产于我国及中亚。现在野外仍有野骆驼，它们同家骆驼的区别是：驼峰矮小、腿细长、全身毛短、颜色淡黄。野骆驼生活在亚洲中部最干旱的地区，在我国塔里木至柴达木盆地间，向东至蒙古有栖居，其数量比大熊猫还要稀少，已被我国列为一级保护动物。南美洲秘鲁的特产骆驼，又称驼羊或羊驼（见第313页秘鲁邮票）。

骆驼头小，颈长，身躯大，毛褐色，四肢长，足柔软、宽大。胸部及膝部有角质垫，跪卧时用以支撑身体。骆驼行走或奔跑时步态独特——同时伸出左侧或右侧的前后腿。

骆驼的寿命为30～40年。雌骆驼每胎产1仔，孕期长达12～14个月，哺乳期1年。

看上去生性温顺的骆驼也容易发怒，尤其是在发情期。它们发起怒来，口喷唾液，并会咬人、踢人，相当危险。

骆驼能以沙漠稀少的植被中最粗糙的部分为食，能吃其他动物不吃的多刺植物、灌木枝叶和干草，但如果有更好的食物，它们当然也乐意享用。

骆驼特别能忍饥耐渴。它们的驼峰里可以贮存100多千克脂肪，必要时可以转变成水和能量，在没有食物的时候能够维持其正常的生命活动。另外，骆驼的胃里有许多瓶状的小泡泡，称为水囊，是用来贮存水的，这些"瓶子"使它们每饮足一次水后可数日不喝水，并仍能在炎热、干旱的沙漠地区活动。骆驼的鼻内有很多极细而曲折的管道，平时管道被液体湿润着。当体内缺水时，管道立即停止分泌液体，并在管道表面结出一层硬皮，用它吸收呼出的水分而不致散失体外；在吸气时，硬皮内的水分又可被送回体内，如此反复循环使用。此外，骆驼血液有很强的储水能力，同时还能通过变化体温、肾小管再吸收、粪中含水少等多种途径节水。遇到水源后，骆驼能一口气喝下100升水，并在数分钟内恢复丢失的体重。因为骆驼有

中国（1961 年）

中国（1993 年）

卡塔尔（1999 年）

这些特性，它们可以驮负人和重物长途跋涉、穿越沙漠，素有"沙漠之舟"的美称。

在长期的进化过程中，骆驼的机体构造、器官功能等日益适应独特的荒漠条件。骆驼的耳朵里有毛，能阻挡风沙进入；骆驼有双重眼睑和浓密的长睫毛，可防止风沙进入眼睛；骆驼的鼻翼还能自由关闭。这些"装备"使它们不怕风沙。在旅行中，骆驼将头抬得高高的，这样眼睛不会被沙地反射的阳光所灼伤。沙地软软的，人脚踩上去很容易陷入，而骆驼的脚掌扁平，脚下生着宽厚的肉垫，走路时脚趾叉开，这样在沙地上行走不会陷入沙中。

在公元前 800 多年，骆驼就已被人类驯化了。骆驼是慢性子，走起路来不慌不忙，然而它在速度上的缺陷早已被它那惊人的耐力所弥补。在沙漠地带，骆驼被人们用作重要的驮畜，它们常常排成很长的队伍在沙漠里稳步行走。双峰驼适于载重，单峰驼更适于骑乘。虽然双峰驼行进速度仅为每小时 3 ~ 5 千米，但能长时间地背负重物，每日可行走50 千米。单峰驼腿更长些，有人骑坐时，它能保持每小时 13 ~ 16 千米的速度，连续行走达 18 个小时。

自古以来骆驼就是人类的好助手，在战争中，它们还是军人的忠实战友。当沙漠中出现大风沙时，它会自动卧下为主人挡风沙。夜晚在沙漠中露营时，它们会团团跪成"圆阵"保卫主人，让主人钻在它们身下安然入眠。最让人佩服的是，无论风沙多大，路途多远，它们从不会迷路。它们还能"嗅"出好几千米外的水源。在中国人民解放军边防部队中至今仍有军驼服役；印度、巴基斯坦及非洲的一些国家也都有数量可观的骆驼部队；中东一些国家将骆驼编入皇家禁卫部队，并用骆驼追捕越境者和贩毒者。

蒙古（1981 年）

蒙古（1985 年）

印度（1937—1940 年）

捷克斯洛伐克（1962 年）

阿尔及利亚
（1936—1941 年）

阿尔及利亚
（1969 年）

莫桑比克（尼亚萨）（1901 年）

苏丹（1898 年）

苏丹

（1921—1922 年）

苏丹（法属苏丹）

（1921—1930 年）

索马里（1902 年）

索马里（1909 年）

秘鲁（1874—1879 年）

秘鲁（1886—1895 年）

长颈鹿
giraffe

长颈鹿（giraffe）属哺乳纲偶蹄目长颈鹿科，是非洲的代表性动物，群居于撒哈拉沙漠以南的热带草原或树木稀少的半沙漠地带。

长颈鹿是世界上最高的动物，腿部和颈部极长，站起来身高能达到5～6米，就像一座流动的瞭望塔。它的颈部虽长，却和人类及其他哺乳动物一样也只有7节颈椎，只是每节都长得多。

长颈鹿全身的毛呈浅黄色，并布满浅褐红色斑点，斑点大都呈有规律的几何图形，间或呈不规则的片状或叶状，看起来好像穿着一身非常漂亮的花衣裳，斑驳耀眼。这与长颈鹿生活环境的色彩非常协调，使其不易被天敌或猎人发现。雄雌长颈鹿都长有2～4个有皮毛覆盖的短角。人们根据斑纹的花形、角的大小和多少来为长颈鹿进行分类。

长颈鹿站立时，头高出心脏位置约2.5米，为了确保新鲜血液能够输送到头部，它长有一颗巨大的心脏，能够产生哺乳动物里最高的血压。低头时，将头从令人目眩的高度垂下来，一般动物大脑中的血液将无法回流，会引起剧烈的头痛；而长颈鹿脖子的静脉中生有强大的瓣膜，保证血液可以回流心脏。抬头时，若血液突然从大脑里涌出，一般动物就会晕厥；而当长颈鹿仰起脖子的时候，心跳会瞬时加速，问题便迎刃而解。

长颈鹿吃多种不同的树叶和嫩枝，最爱吃金合欢树叶。它们用梳子般的牙齿折下树叶，伸出比人的前臂还要长的舌头将树叶卷进嘴里。它的胃有4室，可把半消化的食物吐回反刍，每一小块食物大约要咀嚼40次。

雌长颈鹿每两年怀胎一次，一胎1仔，妊娠期14～15个月。长颈鹿分娩时是站着生仔的，仔鹿出世时重达50多千克，会"砰"的一声堕地。长颈鹿的平均寿命为十四五年，最高在30年以上。

长颈鹿的视觉、听觉和嗅觉都很敏锐。狮、虎等猛兽也不容易捕食长颈鹿。长颈鹿奔跑很快，时速可达到五六十千米。如遇敌兽，它们会用强劲的长腿把猛兽踢倒；其前额两眼之间还有一隆起的硬骨，若把头晃动起来，就活似一个大铁锤，足可砸死一头猛兽。

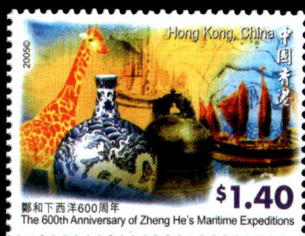

中国（香港）（2005 年）

蒙古（1991 年）

埃塞俄比亚（1919 年）

贝宁（1979 年）

几内亚比绍（1989 年）

莫桑比克（尼亚萨）（1901 年）

　　15世纪初郑和下西洋（见第315页左上角的中国香港邮票），事后阿拉伯国王为表示对中国的友好，派特使专程来中国，将一只长颈鹿呈献给明朝的永乐皇帝。整个京城为此轰动，北京人把这奇特的长颈鹿视若神灵。

　　世界上第一枚长颈鹿邮票于1901年在尼亚萨（现为莫桑比克尼亚萨省，当时是由葡萄牙殖民当局的尼亚萨公司管理）发行，邮票图案为一只长颈鹿站在两棵棕榈树下，左上角为当年葡萄牙国王的头像，右上角为葡萄牙王室的徽章［见第315页上的莫桑比克（尼亚萨）邮票］。

莫桑比克（尼亚萨）（1921—1923 年）

坦桑尼亚（1986 年）

坦桑尼亚（1993 年）

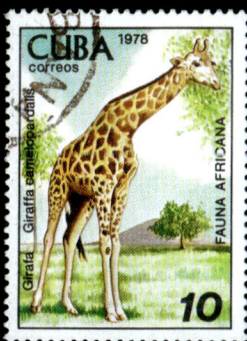

古巴（1978 年）

尼加拉瓜（1986 年）

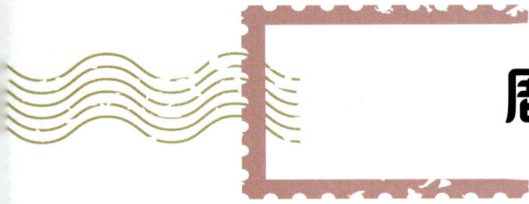

鹿
deer

鹿（deer）属哺乳纲偶蹄目鹿科。

鹿的种类繁多，形态各异，从最大的驼鹿到最小的鼷鹿，品种非常丰富，全世界除南极洲以外都有分布。鹿科动物有40多种，中国有将近一半，而且有几种是中国特有的，如麋鹿、白唇鹿、黑麂等。

鹿的四肢细长、尾巴较短，雄鹿体形大于雌鹿。雌鹿没有角，雄鹿有一对角，并且随着年龄的增长而长大。驯鹿是唯一的一种公鹿和母鹿都长角的鹿，但母鹿的角要小得多。每年冬天，公鹿的角都会脱落，到春天开始长出新的角，那时鹿角上会覆盖一层皮，叫作鹿茸。鹿角成形时鹿茸就会脱落。

鹿大多生活在森林、草原和山地中，主要以树芽、树叶、嫩枝、树皮、草、果实、种子等为食。对鹿来说没有固定的家，所谓的家就是它们所占有的地盘。雪是鹿最大的敌害之一，因为冬天到来，鹿的地盘覆盖着厚厚的积雪，它们就很难找到食物，这时它们就会转移到积雪相对较少的地方。鹿虽然跑得很快，但有些鹿的体重可达300千克，很容易在奔跑时陷入雪中，由于速度减慢，容易被狼追杀。

自古以来，从帝王、贵族到一般老百姓，不论中外，都把"狩鹿"视为一种兼具体育性、社交性、娱乐性及实用性的重要活动。就连孔子所定"六艺"之一的"射"，也和"射鹿"有关。中国古代射猎的对象主要是麋鹿，即"四不像"，因其"角似鹿非鹿、蹄似牛非牛、脸似马非马、尾似驴非驴"而得名。到了清代康熙、乾隆时，以狩猎马鹿和驼鹿为主。对于一般人来说，猎鹿主要看中的是其经济价值。鹿全身都是宝，鹿茸、鹿胎、鹿鞭、鹿尾、鹿筋、鹿肉、鹿脯，等等，无一不是药材或补品，另外有几种鹿的毛皮可制为高级衣物或皮革。驼鹿和梅花鹿还有家畜化的趋向。驯鹿更具有广泛的用途，例如拉雪橇、驮东西、拉车和挤奶等。驯鹿奶比牛奶更有营养，更有滋补效果。驯鹿的皮毛可做成上好的皮张，去毛的皮可制成极软、极耐久的皮革。

麋鹿的经历具有神奇色彩。麋鹿原是我国特产的珍奇动物，早在3 000多年前就生活在黄河、长江中下游地区。汉朝以后逐渐减少，后来竟销声匿迹了，原因不外是人类的捕猎、自然环境的巨变及战争。值得庆幸的是，在19世纪末，英国一位酷爱动物的贝福特公爵，花重金买下了在欧洲各地动物园饲

中国（1980 年）

中国（1988 年）

中国（1999 年）

朝鲜（1976 年）

养的 18 头麋鹿，并放养在自己水草丰美的庄园中，使麋鹿得已繁衍生息，现在世界上的麋鹿有 2 000 多头，全是那 18 头麋鹿的后代。1985 年，贝福特公爵的曾孙决定赠送 20 头麋鹿给中国，让麋鹿返回家乡，所以我们现在才有幸在北京的南海子麋鹿苑——我国第一家麋鹿保护机构——欣赏到这种中国的特有动物。1986 年，在世界野生动物基金会的倡导和支持下，中国林业部又在江苏省大丰县的滩涂上建立了大丰麋鹿自然保护区，并从 1998 年 11 月起逐步将麋鹿放出保护区，让其在自然环境中生存。2003 年 3 月，一头完全在野外出生、发育、成熟的麋鹿又在野外顺利产下 1 仔（即野生二代），它的出现结束了全世界 300 多年来没有野生麋鹿的历史。这两个麋鹿保护区的相继建立，结束了我国麋鹿在乱世中漂泊海外、濒临灭绝的悲剧。目前，麋鹿已被列入国家一级保护动物。

梅花鹿因身上有明显的白色斑点而得名，在我国，不但在公园、动物园能看到它们的身影，而且很多养鹿场也大批地饲养着梅花鹿。但由于梅花鹿的鹿茸质量最优，所以人们频频捕猎，致使在几十年前山西、河北的野生梅花鹿的 2 个亚种已经灭绝，华南、东北、台湾的 3 个亚种所剩无几。野生梅花鹿也因此被列为国家一级保护动物。

鹿深受人们喜爱，因为它们大多体态清秀、性情温柔。古人对鹿的记述不绝于书，"指鹿为马""逐鹿中原""鹿车共挽"等典故皆与鹿有关，"鹿回头"的传说流传至今。而鹿对中国文化的影响之深令人难以想象，它不仅是先人狩猎的对象，是宗教仪式中的重要祭物，还常被作为生命力旺盛（鹿角年年落而复生）的标志、吉祥的象征和升官发财的象征（福"禄"寿喜）。2007 年第六届亚洲冬季运动会在长春举行时，就将梅花鹿"鹿鹿"确定为冬亚会的吉祥物，这不仅因为长春是中国著名的梅花鹿之乡，同时也表现了中国人对鹿的喜爱和对运动的热爱。

朝鲜（1979 年）

柬埔寨（1984 年）

老挝（1990 年）

蒙古（1986 年）

蒙古（1990 年）

孟加拉国（1977 年）

日本
（1971—1975 年）

日本
（1984—1989 年）

泰国（1976 年）

越南（1988 年）

保加利亚（1987 年）

保加利亚（1993 年）

德国（1920 年）

俄罗斯（曾用国名苏联）（1969 年）

俄罗斯（曾用国名苏联）（1989 年）

罗马尼亚（1961 年）

匈牙利（1966 年）

匈牙利（1981 年）

古巴（1979 年）

加拿大（纽芬兰）
（1897 年）

加拿大（纽芬兰）
（1919 年）

美国（1990 年）

尼加拉瓜（1989 年）

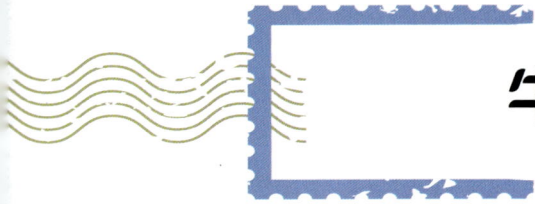

牛
cattle

牛（cattle）属哺乳纲偶蹄目牛科，是黄牛、水牛、牦牛、瘤牛及其杂交种的统称。

牛一般都有 2 只角，水牛角稍长而且弯曲，质地没有黄牛角硬。

牛是食草反刍动物。牛的胃分成了 4 个室，即瘤胃、网胃、瓣胃、皱胃。其中瘤胃最大，比其他 3 个胃的总容积还要大 2 倍多。牛吃草时总是先"囫囵吞枣"，把瘤胃撑饱以后，没事时再反刍回来有滋有味地细嚼慢咽，最后送到皱胃进行化学性消化。牛没有上颌门齿，怎么吃草呢？奥妙在牛舌上——牛舌比其他哺乳动物的舌头宽，舌的背部有很多乳头状且已角质化的表皮，牛就靠它卷起饲料送到上颌齿板和下颌门齿中间，将饲料切断，再由臼齿嚼碎。

牛身强体壮是人类的好帮手。牛是人类最熟悉的家畜之一，尤其是农民不可缺少的工具和帮手，即使在科技高度发达的 21 世纪，第三世界国家中许多农民的耕作还是离不开牛。现在的家养牛都是由野牛驯化而来的，经过人类长期驯养和品种改良，已培育出若干不同用途的品种，如专门产奶的乳牛和专门用于食用的肉牛。水牛耐热喜水，南方农民专用它来耕水田；黄牛耐寒喜干，北方农民则用它来耕地和拉车。牛是最早与人类生活密切相关的动物之一，古代岩画和壁画上常有刻有牛的图案（见第 325 页与第 327 页上的中国邮票），不少国家的邮票上也有牛耕作、运输的图案。

通常而言，牛的脾气温顺且吃苦耐劳，任何人都可以使唤它。无论是拉车、耕地，还是打场，对牛来说都不费吹灰之力。比较起来，水牛比黄牛更加温顺一些，可以任人骑；而黄牛有时候则不买账，要是把它搞火了，牛脾气一上来，可就有点危险了。

牛浑身是宝：牛皮可用于制作各种精美的皮革制品，如皮鞋、皮衣、皮包、皮箱等，经济价值非常高；牛骨既可作肥料也可作饲料添加剂；牛油是一种化工原料，可用于制造肥皂和脂肪酸；牛胆中的结石——牛黄是一种名贵的中药材；牛肉是人类的主要肉食品，尤其在西方国家，餐桌上不可没有牛肉，牛奶及奶制品也是每天必需的食品。

中国 (1952 年)

中国 (1981 年)

中国 (1988 年)　　　　　　　　　中国 (1989 年)

牛的饲料简单，养牛业在大多数国家都占有重要地位，英国、荷兰、西班牙、新西兰等国的养牛业最为发达，其牛肉、奶制品、皮革不仅满足国内需要，而且成为重要的出口商品。我国草资源丰富，"风吹草低见牛羊"就是我国草原牧区的真实写照，发展养牛业具有很大的空间和潜力。

牛虽然身强力壮，但也容易生病，常见病有气胀病、牛喘病、牛肺疫及牛瘟等。20世纪末在英国爆发的"疯牛病"（医学上称"牛海绵状脑病"）不仅至今难以防治，对人的健康也造成了致命威胁，从而成为惊动世界的大新闻。"疯牛病"是一种脑神经性疾病，会使牛的脑组织产生很多海绵状穿孔，一旦发作，病牛全身颤抖，站立不稳，像疯了一样，没几天就会一命呜呼。更可怕的是，这种病会通过牛肉制品传染给人类，人如果受感染，先期症状是失去记忆，进而全身瘫痪，逐渐失去一切机能，几个月后就会死亡；而带病的牛肉制品，无论用普通烹调、高温消毒还是低温冷冻，都无法将病毒杀死，唯一的安全处理方法是焚烧填埋病牛及其肉奶制品。英国为此损失惨重，经济上遭到沉重打击。

牛在中国人的心目中一直有着较高的地位，牛普遍被国人视为善良的动物。牛最让人感奋的莫过于牛的拓荒精神和孺子牛气质，著名画家吴作人画作《齐奋进》以水墨画笔法，淋漓尽致地展现出牦牛顽强勇敢、倔强不屈的性格。2021年我国发行了《五牛图》邮票（见第327页上中国2021年发行的邮票），《五牛图》是中国历史上著名的绘牛画作。日常生活中表扬一个人工作努力、任劳任怨时常称其为"孺子牛"；"牛吃的是草，挤出来的是奶"常用于赞扬某人的无私奉献；"初生牛犊不怕虎"则是夸奖年轻人的勇敢无畏；说某人身体健壮得像头牛，此人听了心里肯定高兴。即使是一些带"牛"字的批评语，被批评者听了也往往觉得舒服，如"他就爱钻牛角尖""他就是这么个牛劲"。自古以来我国就流传了许多与牛有关的美丽传说，最有名的是"牛郎织女"的故事，其中牛虽不是主角，但如果没有牛的衬托，这个故事就会减少很多趣味和神秘色彩。在中国，牛也是一个姓，直接用动物名作姓氏的以牛和马的人数为多。

牛在西方人的生活中也扮演着重要的角色，西班牙斗牛世界闻名（见第332页上的西班牙斗牛邮票）。斗牛一般挑选黄牛属的健壮野公牛，斗牛士挥动红色披风不断挑逗野牛发怒，牛随后拼命猛扑，疯狂进攻，

中国（1998 年）

中国（2015 年）

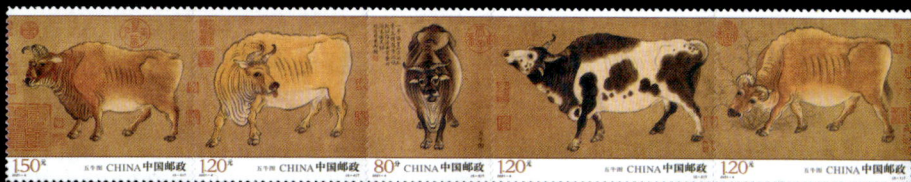

中国（2021 年）

中国（香港）（1997 年）

阿富汗（1984 年）

阿富汗（1985 年）

斗牛士则巧妙躲闪。当野牛的蛮劲用尽，斗牛士拔出利剑刺入牛心，牛当场毙命。此时，斗牛士成为英雄，接受欢呼。当然，斗牛士有时也会被牛攻击而受伤甚至死亡。另一项激动人心的游戏则是西班牙的奔牛，每当奔牛节来临，数百头健壮公牛在成千上万名观众的呼喊声中同时沿一条狭窄的街道向前狂奔，其声势可用"万牛奔腾，所向披靡"来形容。沿途不时有一些勇士加入奔牛的行列与牛比拼奔跑速度，稍慢一步就会被牛群踢得血肉模糊。尽管每次狂欢都有人员伤亡，但西班牙人的"奔牛"热情依然不减。

牛也有缺点，比如工作效率比较低，使用牛的耕作方式迟早要被淘汰，更不要说"老牛拉破车"了。另外，一般情况下牛的脾气还算温顺，但牛要是犟起来也够呛，甚至根本无法控制。西方有一句谚语："公牛闯进了瓷器店（a bull in a china shop）"，常用来比喻行为鲁莽、动辄闯祸的人，这大概也可以作为"犟"是由"强"和"牛"组成的诠释吧。

朝鲜（1990 年）

菲律宾（1935 年）

束埔寨（1980 年）

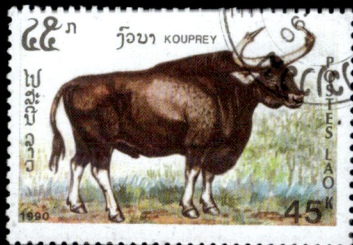

老挝（1990 年）

马来西亚（北婆罗洲）
（1909—1922 年）

马来西亚（吉打）（1912—1921 年）

缅甸（1938—1940 年）

伊拉克（1923—1925 年）

印度（1937—1940 年）

印度尼西亚（1945 年）

越南（1981 年）

越南（1988 年）

保加利亚（1919 年）

立陶宛（1996 年）

瑞士（1918 年）

乌克兰（1920 年）

西班牙(1960 年)

西班牙（1960 年）

布基纳法索（曾用国名上沃尔特）
（1981 年）

厄立特里亚
（1914—1928 年）

刚果（1993 年）

几内亚比绍（1989 年）

津巴布韦（曾用国名南罗德西亚）
（1964 年）

喀麦隆（1946 年）

澳大利亚（1970 年）

澳大利亚（1998 年）

古巴（1899 年）

古巴（1984 年）

美国（1898 年）

美国（1970 年）

牙买加（1994 年）

乌拉圭（1904—1905 年）

乌拉圭（1906 年）

羚羊
antelope

羚羊（antelope）属哺乳纲偶蹄目牛科，是牛科中一个类群的统称。

牛科动物的角是洞角，也称虚角，内有骨质角心，外包以角质鞘，不分叉，终身不脱换。有的羚羊种类雌雄均有角，有的仅雄性有角。

羚羊成群活动，少则5～10只，多则上百只。一般生活在旷野或沙漠，有的栖息于山区。它们的天敌是猎豹、狮等猛兽。

藏羚产于我国青藏高原，它们成群地栖息在海拔3 500～5 200米的高山草原上。雌性没有角，而雄羚角很长，近0.6米，所以又称"长角羊"。藏羚是我国特有的珍稀动物，其绒毛细腻柔软，多为黄色。

羚牛也称扭角羚，因体形似牛而得名，又因其角形弯曲特殊，呈扭曲状，故又称"扭角羚"，雌雄均有角。它们体形粗壮，体长2米左右，肩高1.5米左右，体重250千克。其吻鼻部裸露，前额隆起，四肢强健，前肢特发达。我国分布的4个亚种毛色均不同，例如秦岭亚种为白色或金黄色；不丹亚种为浅棕色，且有一明显的黑色背中线，初生犊为咖啡色。羚牛群居于海拔1 500～4 000米的山地森林中，群中有"哨牛"，职责是站在高处警戒。羚牛反应很敏锐，攀爬能力较强。繁殖期在6—8月，孕期8个月左右，每胎1仔。

高鼻羚羊又名大鼻羚羊，因鼻部特别隆大而膨起，向下弯，鼻孔长在最尖端，因而得名，只有雄性长角。它们生活于荒漠、半荒漠地带，冬季多在白天活动，夏季主要在晨昏活动。有季节性迁移现象，冬季向南移到向阳的温暖山坡地带。高鼻羚羊跑得很快，且有耐力，被牧民称为"长跑健将"。我国的野生种群已经灭绝，现引种回国，在甘肃和新疆半散养，正为恢复野外种群进行实验研究。人们通常所说的名贵药品"羚羊角"就出自高鼻羚羊。

藏羚、羚牛和高鼻羚羊，在我国均属于国家一级保护动物。

旋角羚分布于非洲，其角较细，分别向后外侧再向上弯曲，呈螺旋状，雌雄均有角。它们对干旱沙漠有极强的适应能力，一生中极少饮水。其四肢较粗，蹄宽大，适于在沙漠中行走。旋角羚群体由1只老雄羚率领，在

中国（1991 年）

中国（2001 年）

中国（2003 年）

哈萨克斯坦（1992 年）

柬埔寨
（1984 年）

马来西亚（北婆罗洲）
（1897—1900 年）

马来西亚（拉布安）
（1897—1900 年）

晨昏及夜间活动，为找寻足够的食物而进行长距离的迁移。其怀孕期为 10 ~ 12 个月，每胎 1 仔。因身体笨重，奔跑较慢，容易被人捕杀。旋角羚肉为人们所喜食，皮主要用来做鞋。旋角羚现处于濒危状态，已被列为濒危珍稀类保护动物。

蒙古（1982 年）

乌兹别克斯坦（1995 年）

俄罗斯（曾用国名苏联）
（1984 年）

罗马尼亚
（1993 年）

布隆迪
（1964 年）

刚果（1993 年）

刚果（1994 年）

津巴布韦
（曾用国名南罗德西亚）
（1964 年）

津巴布韦（曾用国名罗德西亚）
（1974—1976 年）

科特迪瓦（曾用国名象牙海岸）
（1963—1964 年）

肯尼亚
（1966—1969 年）

利比里亚（1918 年）

利比里亚（1921 年）

卢旺达（1965 年）

卢旺达（1975 年）

南非（博普塔茨瓦纳）（1983 年）

南非（1998 年）

坦桑尼亚（1986 年）

加拿大（1987—1991 年）

美国（1956 年）

羊
sheep

羊（sheep）属哺乳纲偶蹄目牛亚科。羊的种类很多，有绵羊、山羊、黄羊、青羊、盘羊、岩羊等。仅以绵羊为例，就有200多个品种。世界上养羊业最发达的国家当属澳大利亚、新西兰、南非和阿根廷。

羊的饲养在我国已有5 000余年的历史。早在母系氏族公社时期，生活在我国北方草原地区的原始居民就已开始选择水草丰茂的沿河沿湖地带牧羊狩猎。"羊"是象形文字，是羊的正面形象。"羊"字代表吉祥，我国出土的青铜器上刻的"吉羊"字样，其实就是"吉祥"二字。中国祖先造字时就把"羊"和"祥"紧紧地连在一起了，汉字里表示"美好"的字，如美、善、祥等都带"羊"字。西汉大儒董仲舒有云："羊，祥也，故吉礼用之。"《汉书·南越志》记："尉佗之时，有五色羊，以为瑞。"羊的形象历来是可爱的、温顺的。羊是人类的忠实朋友、亲密伙伴。有一首中国孩童都能背诵的《敕勒歌》，描写了辽远壮阔的草原风光和游牧生活。这里的羊在诗中成了一道美丽的风景："敕勒川，阴山下。天似穹庐，笼盖四野。天苍苍，野茫茫。风吹草低见牛羊。"

羊喜清洁，常居于干燥整洁之处，饥餐青草，渴饮清泉，洁身自好，远离污秽。因而，羊不仅在中国人的心目中具有吉祥、温顺、文雅、平和的美质，在世界上其他国家的民间故事、童话、寓言中也多被视为美好精神的化身、吉祥如意的象征，并且有一些神话、传说还表达着羊图腾的观念。如传说古希腊的最高神宙斯出生后被他父亲扔掉，是母山羊将其奶大；古埃及人崇拜圣羊阿蒙，奉公羊为神兽；古印度的一则神话认为，羊是人和诸神的祖先；在阿拉伯的民间故事中，羚羊多被视为美好吉祥的代表，阿联酋的首都阿布扎比就是因当地有羚羊而命名的，"阿布扎比"即是阿拉伯语"有羚羊的地方"。

羊的生命力极强，非洲摩洛哥南部沙漠中有一片绿洲，那里有一个奇特的景观：羊上树。在一片灌木林中，一群黑山羊站在树上，有滋有味地咀嚼着树叶，有的居然爬上了树枝顶端，有的竟然能够头朝下，那些树距离地面都有三四米高，黑山羊却能在上面悠然自得。这里地处沙漠高温地带，气候干燥、寸草难生，只长有一些耐高温的灌木，在这样恶劣的自然条件下，黑山羊为了生存而掌握了上树的本领。

盘羊 *Ovis ammon*
T.161.(4-3)
中国人民邮政
1991

青山羊 *Capra ibex*
中国人民邮政
T.161.(4-4)
1991

中国（1991年）

祖国边陲风光

呼伦贝尔草原

中国（2004年）

　　羊把自己全身的"宝"都奉献给了人类。羊毛可制成毛料、毛织物等纺织品及地毯、人造毛，等等；羊绒纤细轻柔，属轻纺原料中的珍品，有"软黄金"之誉；羊皮质地紧密柔软，是皮鞋、皮衣和其他革制品的上乘原料；最让人们回味悠长的还是羊肉：羊肉蛋白质含量高，脂肪少，富含多种营养成分，具有温补的功效，是肉类中营养成分最佳者之一。每千克羊肉的发热量高达 3 200 大卡（1 卡 ≈ 4.2 焦耳），因而人们在冬季最爱吃羊肉，以保温御寒。早在 1 400 多年前，中国北方各地就出现了一种冬季佳肴，即著名的"涮羊肉"，也叫羊肉火锅——把羊肉切成薄片在火锅内涮食，另配上葱、姜、蒜、芝麻酱等调料和粉丝、白菜、豆腐等食物，味道鲜美，如今遍及全国，受到很多人的喜爱。

　　蒙古、哈萨克、柯尔克孜、塔吉克等民族至今仍然流行"叼羊"的马上游戏。在喜庆的日子里，骑手分为几队，聚集在开阔的草原上，1只羊放在几百米外，一声令下，骑手们便箭一般地冲上去你争我夺。领先者持羊从马队中冲出，后边的人紧紧追随，其中有人配合争夺，也有人保护持羊者，以将羊送到终点者为胜。取得胜利的人，当场把羊烤熟，然后与大家分享。在哈萨克族的待客礼仪中还有"羊头敬客"的交际风俗。吃饭时，先端上熟羊头，羊脸朝向客人的位置，然后主人请客人用刀先割羊肋肉献给在座的长者，后割一块羊耳给在座的幼者，再随意割一块给自己，然后将羊头盘捧还给主人。另外，全羊还是蒙古、哈萨克、柯尔克孜、塔吉克等民族的传统佳肴，上席时将大块羊肉放入托盘，摆成整羊形状，并首先以羊头献客。

　　澳大利亚有"骑在羊背上的国家"之称，羊与澳大利亚人的文化习俗紧密联系在一起。每年 8 月 14 日是澳大利亚的羊节，届时全国各地的牧羊区一派欢歌笑语的景象，大家燃放爆竹、焰火，向羊群贺喜，祝它们"节日快乐"，然后赶着羊群到一块水草丰美的地方，让它们尽情地享用美餐。按照规定，这一天人们要对羊格外关照，不得鞭打羊群，而是任其自由吃草、追逐嬉戏。

阿富汗（1984 年）

阿富汗（1985 年）

朝鲜（1990 年）

蒙古（1981 年）

蒙古（1982 年）

蒙古（1982 年）

蒙古（1987 年）

日本（1952 年）

越南（1988 年）

罗马尼亚（1993 年）

罗马尼亚（1994 年）

希腊（克里特岛）
（1905 年）

马里（1984 年）

澳大利亚（1998 年）

鼠

mouse

　　鼠（mouse）属哺乳纲啮齿目，俗称老鼠或耗子。啮齿目是哺乳纲中种类最繁多的，全世界有2 000多种，包括鼠、松鼠、豪猪、河狸，等等。

　　鼠类的家族十分庞大，尽管有人类的不断捕杀，猫头鹰、蛇、猫等天敌的无情捕食，鼠类的生命力仍极其强大，繁殖速度惊人。据科学家估计：鼠的数量大大超过人类，可能是世界总人口的5倍！鼠的踪迹遍及世界各地，无论是平原还是山地，无论是荒漠还是森林，无论是繁华闹市还是偏远乡村，甚至天上的飞机，海里的轮船，全都是老鼠生活嬉戏的乐园。

　　鼠视觉不发达，听觉却非常灵敏。鼠无犬齿，门齿很发达。啮齿目动物的门齿终生都在不断生长，必须依靠嚼物以不断磨短它们，所以鼠几乎什么都咬，人类的衣物、家具、图书，以及仪器、电缆、文物，甚至房屋、桥梁、堤坝都成了鼠类磨牙的对象，造成极大危害。鼠食性很杂，据统计，1只鼠每年要吞食和糟蹋十几千克粮食，全世界每年被老鼠消耗的粮食足足可够全球人类吃2个月！

　　然而对人类来说，鼠最危险、最可怕的危害是它们能传染给人类多种致命的疾病。在历史上，鼠传播的鼠疫曾经数次大流行，导致几千万人死亡。"老鼠过街，人人喊打"，可见人们对老鼠是多么恨之入骨。

　　由于以上种种劣迹，使得人们对鼠类的总体印象不佳。加之鼠天性贪婪、怯懦而且狡猾，又总是贼头贼脑、鬼鬼祟祟地行动，所以汉语中有许多带贬义的词语便由鼠而来。如讥讽某人眼光短浅，就称之"鼠目寸光"；贬斥某人器量狭小，则谓之"鼠肚鸡肠"；庸俗小人被人们称作"无名鼠辈"；对于某些人的惊慌逃跑之状，可用"抱头鼠窜"来形容；面带邪气的人则被称为"贼眉鼠眼"，等等。

　　当然，鼠也并非一无是处，也有对人类有益的地方。鼠属于哺乳纲，其身体器官、生理功能和灵长类动物比较接近，因此医学专家们经常用鼠做各种各样的动物实验。另外，由于鼠和人类关系密切，哪儿有人类哪儿便有鼠紧紧相随，而鼠又常常能够提前预感到某些灾害性天气和灾祸的发生，如洪水、地震等，其行为有时能够给人们提供预警，也算是对人类的一点回报吧。

　　东方十二生肖（见本书中的十二生肖邮票）文化覆盖的国家和地区，每

朝鲜（1996 年）

柬埔寨（1993 年）

蒙古（1989 年）

日本（1996 年）

泰国（1991 年）

保加利亚（1994 年）

当新年来临，当年的生肖动物便成为人们津津乐道的话题，并成为民间工艺品和商场超市里各式各样的卡通玩具的主题。虽然人们痛恨老鼠，但在十二生肖中，鼠却堂而皇之地占据着第一的位置。真是奇怪，鼠在东方文化中为何又如此吃香呢？原来，古人有"阴阳说"，一天分12个时辰。一天的开始零点包含在第一个时辰——子时里，即前一天23时至当天凌晨1时中，也就是说，子时连接着昨日与今日。十二生肖动物的足趾或为单数，或为双数，只有鼠的前爪为4趾，后爪为5趾。古人以奇数为阳、偶数为阴，鼠阴阳齐备，前爪体现"昨日之阴"，后爪象征"今日之阳"，因而与子时密不可分，况且夜半时分正是鼠最活跃的时候，于是鼠就占据了十二生肖动物中"第一"的宝座了。除了"阴阳说"以外，还有"开天辟地说"。清代《广阳杂记》里记载，上古时候，天地混沌一片，是鼠于子时咬破了混沌，从而使天地分开，后才有牛辟地于丑时。由于建此创世奇功，鼠名列十二生肖之首也就当之无愧了。

相比之下，西方的艺术家似乎对鼠类比较宽容。在西方，鼠简直成了快乐的小精灵而极富审美价值。美国动画片《猫和老鼠》里那只总能胜小猫汤姆一筹的小老鼠杰瑞，就是一个十分讨人喜欢的小精灵。美国迪士尼公司创造出来的米老鼠形象更是光彩夺目，几十年来，可爱的米老鼠走遍了全世界，声名显赫的程度甚至超过了历届美国总统。不同国度、不同信仰的大人和孩子们，无人不喜欢那只憨态可掬、机智而又不乏幽默感的米老鼠。

松鼠和河狸，同属于啮齿目，而作者所拥有的邮票尚不足以将它们单独分类，所以暂和鼠类放在一起（见第349页、第351页上的邮票）。松鼠遍布全世界，适应树上生活，主要以植物的种子和果实为食，有时也捕食昆虫，繁殖能力很强。松鼠体态轻盈，尾巴很长且蓬松粗大，性格温顺。在公园里，人们只要轻声呼唤，它们就会友好地跑到游人的脚旁，一起戏耍。

河狸是啮齿类半水栖哺乳动物，擅游泳，洞穴常挖在河边的树根下，以树皮、树枝、树叶等为食。河狸非常勤劳，善于建屋筑坝，干起活来不知疲倦，所以在英、美等国，常用"河狸"一词来称赞那些工作不辞辛劳的人。

河狸在美洲北部较多见，第351页右下角为2枚加拿大发行的北美河狸邮票，其中1859年发行的这一枚是本书邮票中最古老的一枚。

俄罗斯（曾用国名苏联）
（1980 年）

俄罗斯（曾用国名苏联）（1985 年）

俄罗斯（曾用国名苏联）
（1987 年）

罗马尼亚（1993 年）

匈牙利（1976 年）

澳大利亚（1988 年）

澳大利亚（1992 年）

古巴（1981 年）

加拿大（1859 年）

加拿大（1987—1991 年）

兔

rabbit

兔（rabbit）属哺乳纲兔形目兔科，共有 43 种。

兔适应性强，分布很广，常见于荒漠、荒漠化草原、热带疏林、干草原和森林等地，欧洲、亚洲、非洲、南北美洲都有它们的踪影。兔喜食青草、嫩叶和蔬菜等植物，野兔食性较广，有时也食果类和昆虫。

兔具有管状长耳朵，耳长大于耳宽数倍，上唇有裂，簇状短尾，后腿比前肢强健得多。兔擅奔跑，后鼻孔宽，奔跑时能充分供氧。

兔和鼠类有着共同的祖先，在动物学分类上比较接近。兔无犬齿，门齿发达尖利，与前臼齿之间有空隙，上门齿有 2 对，一大一小，小的藏在大的后面，下门齿只有 1 对。兔的门齿能持续不断地生长，故它们必须经常啃咬东西以磨短门齿。野兔属群居动物，一群有十几只到几十只不等，然而到了繁殖期，就"夫妻双双把家还"，过起了小家庭日子。和鼠类一样，兔的繁殖能力极强，雌兔长到 8 个月大时就可以生育了，怀孕 30 天后即可产小兔，一年可产数次，而且常常是多胎高产。一只成年母兔每胎可生七八只，甚至十来只。

兔子属于"女权"动物，母兔当家做主，公兔只不过是个"保镖"，负责保护家庭妻儿安全和领地不受侵犯。兔温和、胆小，常常夜间才敢出来觅食。兔子平常看起来很温顺，但在发情期就完全"判若两兔"了。尤其是野公兔，为了取悦自己的情人可以使出浑身解数，这时候要是有别的兔子想打它女朋友的主意，它立即会变成"拼命三郎"，能像拳击师那样双拳出击，凶相毕露，咬牙切齿地与情敌拼命。

兔子的眼睛十分有趣，有红色、蓝色、茶色等多种颜色，有些兔子甚至左右两只眼睛的颜色都不一样。兔子眼睛的颜色实际上与它们的皮毛颜色有关系，黑兔子的眼睛是黑色的，灰兔子的眼睛是灰色的，白兔子的眼睛是透明的。那为什么我们看到小白兔的眼睛是红色的呢？这是因为白兔眼睛里的血丝（毛细血管）反射了外界光线，透明的眼睛就显出红色，我们看到的红色其实是血液的颜色，并不是兔子眼球的颜色。

兔子的天敌很多，但在长期的进化过程中，兔子也有很多办法来保

柬埔寨（1984 年）

蒙古（1983 年）

新加坡（1999 年）

保加利亚（1986 年）

护自己不至于灭绝，多胎高产就是办法之一。兔子耳长，听觉灵敏，在夜间百米之内的敌人的任何动静都休想瞒过它。兔子的嗅觉也非常敏锐，不仅能用嗅觉来分辨自己的配偶儿女等，也能嗅出其他动物留下的任何味道。由于兔子的眼睛长在脸的两侧，因此它的视野十分宽阔，对自己周围的东西看得很清楚，有人说兔子连自己的脊梁都能看到。为了便于逃命，兔子还有长而发达的后肢，尤其野兔，奔跑速度非常快（每小时达七八十千米），而且跳跃能力极强，有时连虎豹也奈何它不得。此外，兔子也是"深挖洞、广积粮"的高手。中国有俗语曰"兔子不吃窝边草""兔子尾巴长不了"，这其实也是兔子的生存智慧，都是为了尽可能地隐藏自己，保护自己。

兔子数量多，分布广，不仅是其他食肉动物的重要食物来源，也是人们喜欢的狩猎动物。人类很早就开始驯养兔子，并形成了一个新兔种——家兔，家兔的种类也多达几十种。养兔成本低廉，除了保证清洁卫生外，几乎不需要其他什么额外条件，主要饲料仅仅是树叶和青草而已。兔子的经济价值非常高。兔是美味的肉食来源：兔肉含低脂肪、高蛋白，味道鲜美，尤其是野兔肉，更是盘中佳肴。世界上体形最大的兔子当数俄罗斯巴河河谷一带的巨兔，它体形似狗，身长近1米，体重可达10.5千克，堪称兔中之王。在缅甸南部山区还有一种奇怪的野兔，它的肉中竟然含有大量糖分，煮熟后肉味香甜，就像真放了糖一样，因而当地人管它叫"糖兔"。兔子是优质毛皮的重要提供者，兔毛为纺织品的重要原料，野兔毛更是昂贵，用其制成的毛笔经常为书画家所青睐。兔皮是一种重要的皮革原料，可制成柔软保温的衣、帽、手套及各种皮包等。此外，一些医学以及实验科学常常用兔子作为实验动物。

兔在我国被认为是祥瑞之兆，兔子是和平、可爱、洁净的象征。我国古书中就有"白兔寿千年，满五百则兔白"的说法，古时宗庙祭祀用兔来供奉，且明文规定要用肥兔，特别大的兔叫"兔豜"。中国民间有许多关于兔的奇风异俗，因为兔为祥物，古时农历正月初一，人们将面制兔头和盛水的竹筒、年幡面具一同挂在门额上，认为可以镇邪避灾。在我国著名的陕西民间剪纸艺术中，常常用娃娃喂兔子的构图来表示兔年。北京地区中秋时节有各种泥制兔玩具，叫作兔儿爷，也是用来供奉祭月的供品。关于兔的典故很多，如"兔死狗烹""兔死狐悲""狡兔三窟""兔子不吃

保加利亚（1993 年）

罗马尼亚（1994 年）

罗马尼亚（1993 年）

瑞典（1999 年）

瑞士（1990—1995 年）

匈牙利（1987 年）

布基纳法索（曾用国名上沃尔特）

（1981 年）

窝边草"，以及"静如处子，动若脱兔"，等等，尤其是那只在月宫忠实陪伴寂寞嫦娥的"玉兔"，更是历代文人墨客吟诗作赋的对象。大家都还记得龟兔赛跑的故事吧，具有两条粗壮发达的长腿，擅长奔跑、跳跃的兔子由于骄傲自大竟然败给了爬得慢却坚持不懈的乌龟，给我们带来了非常深刻的启迪（见第355页上的匈牙利邮票）。

加纳（1984 年）

乌干达（1998 年）

HAPPY LUNAR NEW YEAR

赞比亚（1999 年）

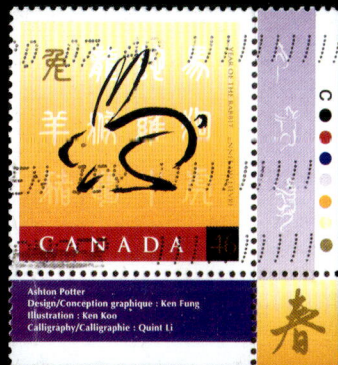

加拿大（1999 年）

主题套票

sets of theme stamps

　　动物与人类生活密不可分，它们给人类的生产、生活、宗教、艺术创作带来灵感，许多童话故事都是以动物为主人公寓教于乐。我国在2013年发行了动画故事《小蝌蚪找妈妈》邮票，通过小蝌蚪寻找青蛙妈妈的过程讲述了蝌蚪变态发育的科学规律，邮票表现了小蝌蚪向虾公公打听，错认了金鱼、螃蟹、乌龟为妈妈，最后终于找到青蛙妈妈这五个画面（见第363页上中国2013年发行的邮票）。1963年中国发行的《民间玩具》邮票取材都是动物玩具。2006年美国发行了《儿童书动物》邮票（见第374页上美国2006年发行的邮票）。2009年英国为纪念博物学家达尔文（1809—1882）发行了一套邮票，第一枚是达尔文照片，第二枚是海鬣蜥的头，第三枚是雀科鸣鸟的喙，第四枚是海岛，第五枚是蜜蜂和兰科植物，第六枚是猩猩，这些邮票画面分别表现了达尔文研究领域中的动物学、鸟类学、地质学、植物学、人类学（见第368页上的英国邮票）。

　　动物与人类生活在同一个地球上，它们更需要得到人类的关怀和救助，尤其是人类活动的能量已经改变着地球生态环境，极大地影响着野生动物的生存，保护动物特别是拯救濒危动物是人类必须采取的行动。邮票也要通过自身优势积极呼吁保护动物。中国已经发行了3套《国家重点保护野生动物》邮票，本书还收集到了联合国及美国、英国的濒危或灭绝动物的邮票。

　　本书将邮票主题是动物或与动物有关的成套邮票单独作为一类。这里有：

1. 《民间玩具》（中国，1963）；
2. 《国家重点保护野生动物（Ⅰ级）（一）》（中国，2000）；
3. 《国家重点保护野生动物（Ⅰ级）（二）》（中国，2001）；
4. 《中国鸟》（中国，2008）；
5. 《小蝌蚪找妈妈》（中国，2013）；
6. 《中国恐龙》（中国，2017）；
7. 《国家重点保护野生动物（Ⅰ级）（三）》（中国，2021）；

中国（1963 年）

8.《故宫鸟谱古画》（中国台湾，1997）；

9.《达尔文和进化论》（朝鲜，1999）；

10.《冬季》（英国，1992）；

11.《冰河时代的动物》（英国，2006）；

12.《海洋生物》（英国，2007）；

13.《查尔斯·达尔文（1809—1882）博物学家》（英国，2009）；

14.《农场》（澳大利亚，2005）；

15.《部分绝灭动物》（美国，1996）；

16.《部分濒危动物》（美国，1996）；

17.《恐龙世界》（美国，1997）；

18.《北极苔原》（美国，2003）；

19.《爬行动物》（美国，2003）；

20.《太平洋珊瑚礁》（美国，2004）；

21.《东北落叶林》（美国，2005）；

22.《儿童书动物》（美国，2006）；

23.《大湖沙丘》（美国，2008）；

24.《濒危动物》（联合国，1992）；

25.《海洋生物》（联合国，1999）。

Wild life

国家重点保护野生动物（I级）
（一）

中国邮政 CHINA　30分
Nipponia nippon

鸟花鹿
Cervus nippon

60分 CHINA 中国邮政
金斑喙凤蝶
Teinopalpus aureus

中国邮政 CHINA　80分
大熊猫
Ailuropoda melanoleuca

中国邮政 CHINA　1元
褐马鸡
Crossoptilon mantchuricum

1.50元 CHINA 中国邮政
中华鲟
Acipenser sinensis

2元 CHINA 中国邮政
金丝猴
Rhinopithecus roxellanae

中国邮政 CHINA　2.60元
白鳍豚
Lipotes vexillifer

2.80元 CHINA 中国邮政
丹顶鹤
Grus japonensis

中国邮政 CHINA　3.70元
东北虎
Panthera tigris altaica

亚洲象
Elephas maximus

5.40元 CHINA 中国邮政
扬子鳄
Alligator sinensis

售价：21元

中国（2000年）

級

(二)

国 家 重 点 保 护 野 生 动 物

中国邮政
CHINA
30分

Budorcas taxicolor

2001 - 4　扭角羚　(10 - 1) T

中国邮政
CHINA
60分

Psephurus gladius

2001 - 4　白鲟　(10 - 2) T

中国邮政
CHINA

Grus nigricollis

黑颈鹤

中国邮政
CHINA
60分

Elaphurus davidianus

2001 - 4　麋鹿　(10 - 3) T

中国邮政
CHINA
80分

Acipenser dabryanus

2001 - 4　达氏鲟　(10 - 4) T

中国邮政
CHINA
80分

Capra ibex

2001 - 4　北山羊　(10 - 5) T

中国邮政
CHINA
80分

Haliaeetus pelagicus

虎头海雕　(10 - 6) T

Bos grunniens

野牦牛

中国邮政
CHINA
80分

Camelus bactrianus ferus

2001 - 4　野骆驼　(10 - 7) T

中国邮政
CHINA
1元

Uncia uncia

雪豹　(10 - 8) T

中国邮政
CHINA
2.60元

Martes zibellina

2001 - 4　紫貂　(10 - 9) T

中国邮政
CHINA
5.40元

Saiga tatarica

2001 - 4　高鼻羚羊　(10 - 10) T

WILDLIFE

售价：14元

中国（2001 年）

中国鸟

中国（2008 年）

中国（2013 年）

中国 恐龙
Chinese Dinosaurs

中国（2017 年）

国家重点保护野生动物(I级)(三)

Wildlife

| 80分 | 斑尾榛鸡 *Tetrastes sewerzowi* | 黄胸鹀 *Emberiza aureola* | 绿孔雀 *Pavo muticus* |
| 中华穿山甲 *Manis pentadactyla* | 海南长臂猿 *Nomascus hainanus* | 鳄蜥 *Shinisaurus crocodilurus* | 中华白海豚 *Sousa chinensis* | 绿海龟 *Chelonia mydas* |

北京邮票厂

0346245K

中国(2021年)

票郵畫古譜鳥宮故

中国(台湾)(1997 年)

朝鲜(1999 年)

英国（1992 年）

英国（2006 年）

英国（2007 年）

英国（2009 年）

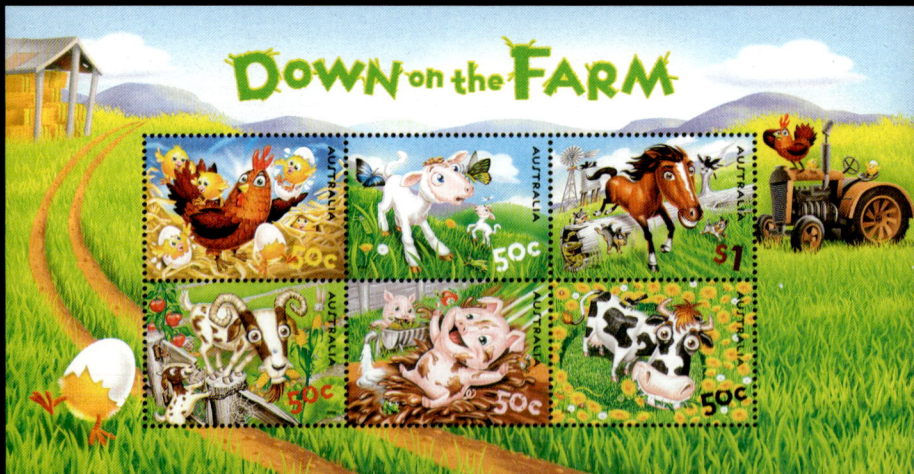

澳大利亚（2005 年）

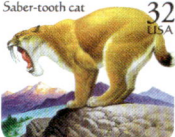

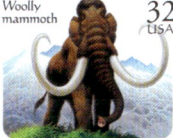

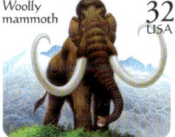

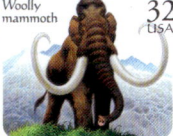

美国（1996 年）

Endangered Species

Black-footed ferret
32 USA

Thick-billed parrot
32 USA

Hawaiian monk seal
32 USA

32 USA
American crocodile

Ocelot
32 USA

Schaus swallowtail butterfly
32 USA

32 USA
Wyoming toad

32 USA
Brown pelican

California condor
32 USA

Gila trout
32 USA

32 USA
San Francisco garter snake

32 USA
Woodland caribou

Florida panther
32 USA

Piping plover
32 USA

32 USA
Florida manatee

National Stamp Collecting Month 1996 highlights these 15 species to promote awareness of endangered wildlife. Each generation must work to protect the delicate balance of nature, so that future generations may share a sound and healthy planet.

P1111

© USPS 1995   .32 x 15 = $4.80   PLATE POSITION

美国 (1996 年)

THE WORLD OF DINOSAURS

Camptosaurus 32   *Camarasaurus* 32

Stegosaurus 32   *Allosaurus* 32

Brachiosaurus 32

Goniopholis 32   *Daphenus* 32

A scene in Colorado, 150 million years ago

Edmontonia 32   *Einiosaurus* 32

Daspletosaurus 32   *Corythosaurus* 32   *Ornithomimus* 32

Parasaurolophus 32

Palaeosaniwa 32

A scene in Montana, 75 million years ago

© USPS 1996

美国（1997 年）

ARCTIC TUNDRA

FIFTH IN A SERIES

USA 37

N A T U R E   O F   A M E R I C A

美国（2003 年）

Scarlet
Kingsnake

USA
37
2003

Blue-spotted Salamander

USA
37
2003

Reticulate
Collared Lizard

© 2002
USPS

USA
37
2003

Ornate
Chorus Frog

USA
37
2003

Ornate
Box Turtle

USA
37
2003

V1111

美国(2003年)

PACIFIC CORAL REEF

SIXTH IN A SERIES

USA 37
USA 37
USA 37
USA 37
USA 37
USA 37
USA 37
USA 37
USA 37
USA 37

N A T U R E   O F   A M E R I C A

美国（2004 年）

NORTHEAST DECIDUOUS FOREST

SEVENTH IN A SERIES

USA 37
USA 37
USA 37
USA 37
USA 37
USA 37
USA 37
USA 37
USA 37
USA 37

N A T U R E   O F   A M E R I C A

美国（2005 年）

美国（2006 年）

美国（2008 年）

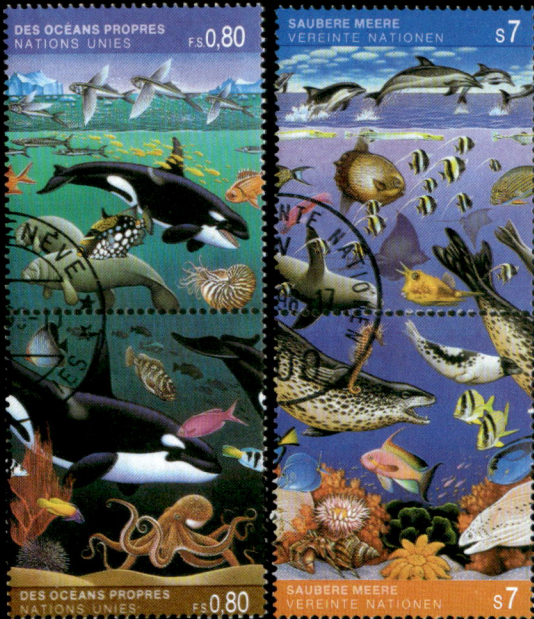

联合国(1992 年)

ESPÈCES MENACÉES
D'EXTINCTION

ENDANGERED SPECIES

GEFÄHRDETE ARTEN

CITES

FIRST DAY COVER
OF THE UNITED NATIONS
POSTAL ADMINISTRATION

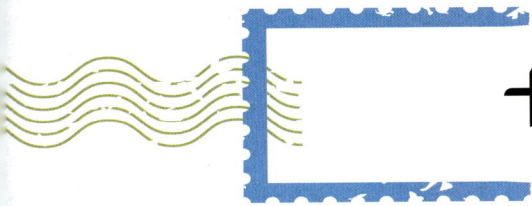

十二生肖

twelve zodiac animals

　　十二生肖是中国传统文化的重要部分，由 12 种源于自然界的动物即鼠、牛、虎、兔、龙、蛇、马、羊、猴、鸡、狗、猪组成，用于记年，配上十二地支顺序排列为子鼠、丑牛、寅虎、卯兔、辰龙、巳蛇、午马、未羊、申猴、酉鸡、戌狗、亥猪。生肖邮票是一年一度以干支纪年的生肖动物图案而发行的邮票。生肖又称属相，每个人都可以根据自己的出生年月找到自己的生肖或属相。在中国，围绕着十二生肖人们编织出许多动人故事，生发出各种各样的习俗。十二生肖是喜庆吉祥的民俗文化的体现，生肖动物是人们想象中的吉祥的化身。早在中国南北朝时期就有《十二属诗》，沈炯所作，诗文为"鼠迹生尘案，牛羊幕下来。虎啸坐空谷，兔月向窗开。龙隰远青翠，蛇柳近徘徊。马兰方远摘，羊负始春栽。猴栗羞芳果，鸡蹠引清杯。狗其怀物外，猪蠢卒悠哉"。

　　中国作为生肖文化的发源地，香港从 1967 年开始发行生肖邮票，台湾从 1968 年开始发行，大陆从 1980 年开始发行，澳门从 1996 年开始发行（1984 年曾发行鼠年邮票，但没有接续发行）。随着中国在世界影响力的不断提升，中国生肖文化的影响也在扩大，不少国家也发行了生肖邮票。

　　世界第一枚生肖邮票是日本 1950 年发行的虎年生肖邮票。

　　本书将成套及十二生肖集在一起的小版张邮票单独作为一类，还有一些只收集到个别年份其他国家发行的生肖邮票放在相应的动物类别邮票中。这里有：

　　1.《中国十二生肖》邮票（第一套，1980—1991）；

　　2.《中国十二生肖》邮票（第二套，1992—2003）；

　　3.《中国十二生肖》邮票（第三套，2004—2015）；

　　4.《中国十二生肖》邮票（第四套，2016—2022，未完）；

　　5.《澳大利亚十二生肖》邮票（圣诞岛发行，1996—2007）；

1984 年

1985 年

1986 年

1987 年

1988 年

1989 年

1990 年

1991 年

1980 年

1981 年

1982 年

1983 年

中国（十二生肖第一套）

6.《澳大利亚十二生肖》邮票（圣诞岛发行，2002，小版张）；

7.《澳大利亚十二生肖》邮票（圣诞岛发行，2008，小版张）；

8.《美国十二生肖》邮票（2005，小版张）。

1996 年　　　　　　　　　　1997 年发行　　　　　　　　　　1998 年

1999 年　　　　　　　　　　2000 年　　　　　　　　　　2001 年

2002 年　　　　　　　　　　2003 年　　　　　　　　　　1992 年

1993 年　　　　　　　　　　1994 年　　　　　　　　　　1995 年

2008 年

2009 年

2010 年

2011 年

2012 年

2013 年

2014 年

2015 年

2004 年

2005 年

2006 年

2007 年

2016 年

2017 年

2018 年

2019 年

2020 年

2021 年

2022 年

中国（十二生肖第四套，未完）

1996 年

1997 年

1998 年

1999 年

2000 年

2001 年

2002 年

2003 年

2004 年

2005 年

2006 年

2007 年

1998 年

澳大利亚(圣诞岛)(2002年)

鼠年 YEAR OF THE RAT 2008

在佛祖召開的生肖年曆排行比賽中，詭計多端的老鼠悄悄地騎到牛背上，於渡河後，到達終點前一躍而出，奪得第一位。可見生於鼠年的人有機智及點子多的特性。
Realising it could not be first across the river in the zodiac race, the crafty Rat secretly rode on the back of the Ox, leaping off to finish first. Those born in the Year of the Rat are smart and witty.

機智
SMART & WITTY

CHRISTMAS ISLAND
YEAR OF THE RAT 2008
AUSTRALIA 50c

CHRISTMAS ISLAND
YEAR OF THE RAT 2008
AUSTRALIA $1.45

鼠年 YEAR OF THE RAT 2008

出生時間與性格的關係
每個生肖代表了特定的時辰，因此出生時間對個人性格亦有很大的影響。
ZODIAC'S RULING HOURS – THE SECRET SELF
The sign ruling the time of birth also shapes the personality.

11:01pm~1:00am 鼠	1:01am~3:00am 牛	3:01am~5:00am 虎	5:01am~7:00am 兔	7:01am~9:00am 龍	9:01am~11:00am 蛇
AUSTRALIA 2008 CHRISTMAS ISLAND 10c	AUSTRALIA 2008 CHRISTMAS ISLAND 10c	AUSTRALIA 2008 CHRISTMAS ISLAND 15c	AUSTRALIA 2008 CHRISTMAS ISLAND 15c	AUSTRALIA 2008 CHRISTMAS ISLAND 10c	AUSTRALIA 2008 CHRISTMAS ISLAND 10c
11:01am~1:00pm 馬	1:01pm~3:00pm 羊	3:01pm~5:00pm 猴	5:01pm~7:00pm 雞	7:01pm~9:00pm 狗	9:01pm~11:00pm 豬
AUSTRALIA 2008 CHRISTMAS ISLAND 15c	AUSTRALIA 2008 CHRISTMAS ISLAND 25c	AUSTRALIA 2008 CHRISTMAS ISLAND 25c	AUSTRALIA 2008 CHRISTMAS ISLAND 25c	AUSTRALIA 2008 CHRISTMAS ISLAND 25c	AUSTRALIA 2008 CHRISTMAS ISLAND 15c

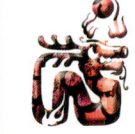

澳大利亚（圣诞岛）（2008 年）

HAPPY · NEW · YEAR!

恭賀新禧

美国（2005 年）

附 录
Appendix

国家名（地区名）中英文对照
Chinese-English Names of Country(Region)

亚洲 ASIA

1. 中国 People's Republic of China

　　香港（Hong Kong）
　　澳门（Macao）
　　台湾（Taiwan）

2. 阿富汗 Afghanistan

3. 阿联酋 United Arab Emirates

4. 阿曼 Oman

5. 阿塞拜疆 Azerbaijan

6. 不丹 Bhutan

7. 朝鲜 D. P. R. Korea

8. 韩国 R. O. Korea

9. 菲律宾 Philippines

10. 哈萨克斯坦 Kazakhstan

11. 吉尔吉斯斯坦 Kyrgyzstan

12. 柬埔寨 Cambodia

13. 卡塔尔 Qatar

14. 老挝 Laos

15. 黎巴嫩 Lebanon

16. 马尔代夫 Maldives

17. 马来西亚 Malaysia

　　［曾名马来联邦 Federated Malay States］
　　北婆罗洲（North Borneo）
　　吉打（Kedah）
　　拉布安（Labuan）
　　彭亨（Pahang）
　　森美兰（Negri Sembilan）

　　沙捞越（Sarawak）
　　雪兰莪（Selangor）
　　槟榔屿（Penang）

18. 蒙古 Mongolia

19. 孟加拉国 Bangladesh

20. 缅甸 Myanmar

21. 日本 Japan

22. 斯里兰卡 Sri Lanka

　　［曾名锡兰 Ceylon］

23. 泰国 Thailand

24. 土耳其 Turkey

25. 土库曼斯坦 Turkmenistan

26. 乌兹别克斯坦 Uzbekistan

27. 新加坡 Singapore

28. 叙利亚 Syria

29. 伊拉克 Iraq

30. 伊朗 Iran

　　［曾名波斯 Persia］

31. 以色列 Israel

32. 印度 India

　　锡尔莫尔（Sirmoor）

33. 印度尼西亚 Indonesia

34. 约旦 Jordan

35. 越南 Viet Nam

欧洲 EUROPE

1. 爱尔兰 Ireland

2. 奥地利 Austria

3. 白俄罗斯 Belarus

4. 保加利亚 Bulgaria

5. 比利时 Belgium

6. 波兰 Poland
   但泽 (Danzig)

7. 波斯尼亚—黑塞哥维那（简称波黑）
   Bosnia and Herzegovina

8. 丹麦 Denmark
   格陵兰（Greenland）

9. 德国 Germany
   巴伐利亚 (Bavaria)

10. 俄罗斯 * Russia
    [曾名俄罗斯帝国 (Russia Empire)，
    苏联 (U.S.S.R)]

11. 法国 France
    圣皮埃尔和密克隆 (Saint Pierre and Miquelon)

12. 芬兰 Finland

13. 荷兰 Netherlands
    安的列斯 (Netherlands Antilles)

14. 捷克斯洛伐克 ** Czechoslovakia

15. 克罗地亚 Croatia
    阜姆 (Fiume)

16. 立陶宛 Lithuania

17. 卢森堡 Luxembourg

18. 罗马尼亚 Romania

19. 马耳他 Malta

20. 南斯拉夫 Yugoslavia

21. 挪威 Norway

22. 葡萄牙 Portugal

23. 瑞典 Sweden

24. 瑞士 Switzerland

25. 斯洛文尼亚 Slovenia

26. 乌克兰 Ukraine

27. 西班牙 Spain

28. 希腊 Greece

29. 匈牙利 Hungary

30. 意大利 Italy

31. 英国 United Kingdom
    泽西岛 (Jersey)
    马恩岛 (Isle of Man)

    肯尼亚－乌干达－坦桑尼亚 (Kenya, Uganda & Tanzania)

非洲 AFRICA

1. 阿尔及利亚 Algeria

2. 埃及 Egypt

3. 埃塞俄比亚 Ethiopia

4. 贝宁 Benin

5. 博茨瓦纳 Botswana

6. 布基纳法索 Burkina Faso
   [曾名上沃尔特共和国 Republic of Upper Volta]

7. 布隆迪 Burundi

8. 多哥 Togo

---

* 由于俄罗斯帝国、苏联、俄罗斯三者不是简单的国名更替，情况比较复杂，因此在本书中，将 1857—1917 年该地区发行的邮票国名标注有"曾用国名俄罗斯帝国"，1918—1991 年发行的邮票国名标注有"曾用国名苏联"，1991 年后发行的邮票国名标注为俄罗斯。
** 捷克斯洛伐克（1918—1992），自 1993 年起分为捷克和斯洛伐克两个独立的国家。

9. 厄立特里亚 Eritrea

[意属贝纳迪尔 Italian Benadir]

10. 刚果* Congo

11. 刚果民主共和国** D. R. Congo

[曾名比属刚果 Belgian Congo，扎伊尔

Zaire]

12. 吉布提 Djibouti

13. 几内亚比绍 Guinea-Bissau

14. 加纳 Ghana

15. 津巴布韦 Zimbabwe

[曾名南罗得西亚 Southern Rhodesia，
罗得西亚 Rhodesia]

16. 喀麦隆 Cameroon

17. 科特迪瓦 Cote D' lvoire

[曾名象牙海岸 Ivory Coast]

18. 肯尼亚 Kenya

[曾名英属东非 British East Africa]

19. 莱索托 Lesotho

20. 利比里亚 Liberia

21. 卢旺达 Rwanda

22. 马达加斯加 Madagascar

[曾名马尔加什 Malagasy]

23. 马拉维 Malawi

24. 马里 Mali

25. 毛里求斯 Mauritius

26. 莫桑比克 Mozambique

尼亚萨 (Nyassa)

27. 纳米比亚 Namibia

[曾名西南非洲 South West Africa]

28. 南非 South Africa

博普塔茨瓦纳 (Bophuthatswana)
西斯凯 (Ciskei)

29. 尼日尔 Niger

30. 尼日利亚 Nigeria

31. 圣多美和普林西比 Sao Tome and Principe

32. 苏丹 Sudan

33. 索马里 Somalia

[意属贝纳迪尔 Italian Benadir]

34. 坦桑尼亚 Tanzania

35. 乌干达 Uganda

36. 赞比亚 Zambia

37. 乍得 Chad

38. 中非 Central African

大洋洲 OCEANIA

1. 澳大利亚 Australia

科科斯群岛 (Cocos Islands)
圣诞岛 (Christmas Island)
西澳大利亚 (Western Australia)
新南威尔士 (New South Wales)
南极领地 (Australian Antarctic
Territory)

2. 巴布亚新几内亚 Papua New Guinea

3. 斐济 Fiji

4. 汤加 Tonga

5. 瓦努阿图 Vanuatu

6. 新西兰 New Zealand

---

* 刚果 1960 年独立，首都为布拉柴维尔，为便于和刚果（金）区别，人们习惯地称其为刚果（布）。
1991 年改国名为刚果共和国，简称刚果。
** 刚果民主共和国于 1908—1960 年称为比属刚果，1960 年独立，1966 年首都改名为金沙萨，国名
简称为刚果（金）。1971 年改国名为扎伊尔共和国，1997 年国名定为刚果民主共和国。

北美洲 NORTH AMERICA

1. 巴拿马 Panama
2. 伯里兹 Belize
3. 多米尼加 Dominican Republic
4. 古巴 Cuba
5. 海地 Haiti
6. 加拿大 Canada
    纽芬兰 (Newfoundland)
7. 美国 United States
8. 墨西哥 Mexico
9. 尼加拉瓜 Nicaragua
10. 危地马拉 Guatemala
11. 牙买加 Jamaica

南美洲 SOUTH AMERICA

1. 阿根廷 Argentina
2. 巴拉圭 Paraguay
3. 巴西 Brazil
4. 玻利维亚 Bolivia
5. 圭亚那 Guyana
6. 秘鲁 Peru
7. 委内瑞拉 Venezuela
8. 乌拉圭 Uruguay
9. 智利 Chile

联合国 UNITED NATIONS

参考文献

Reference

[1] 刘凌云，郑光美.普通动物学（第三版）[M].北京：高等教育出版社，1997.

[2] [法]布封.动物素描[M].刘阳，译，南京：江苏人民出版社，2005.

[3] 许崇任，程红.动物生物学[M].北京：高等教育出版社/海德堡：施普林格出版社，2000；第2版，北京：高等教育出版社，2008.

[4] 郑光美.鸟类学[M].北京：北京师范大学出版社，2005.

[5] 彩万志，庞雄飞，花保祯，等.普通昆虫学[M].北京：中国农业大学出版社，2001.

[6] 郭耕.鸟兽物语——科普大使郭耕动物保护随笔[M].北京：北京出版社，2003.

[7] [美]帕迪利亚 科学探索者——动物[M].王大志，黄赛花，译，杭州：浙江教育出版社，2003.

[8] 陈宜瑜.达尔文动植物世界——动物篇[M].北京：华夏出版社，2004.

[9] 孙秋萍.动物世界[M].北京：华夏出版社，1993.

[10] 大不列颠剑桥少儿百科全书：生物百科[M].北京：中国宇航出版社，2004.

[11] 中国儿童百科全书·上学就看——动物园[M].北京：中国大百科全书出版社，2006.

[12] 中国少年儿童百科全书·自然·环境[M] 杭州：浙江教育出版社，1997.

[13] 王义炯.动物谋生术[M].南京：江苏教育出版社，1999.

[14] 叶祥奎.脊椎动物话古今[M].长沙：湖南教育出版社，1997.

[15] 张广学.奇妙的昆虫王国[M].桂林：广西师范大学出版社，1999.

[16] 华惠伦.猿猴王国[M].南京：江苏教育出版社，1999.

[17] 潘文石.漫长的路：1980—1997 在大熊猫中间[M].南京：江苏科技出版社，1998.

[18] ［俄］晋格尔 . 趣味动物学 [M]. 朱博平，译，北京：科学普及出版社，1962.

[19] 赵珩，姚振亚，吴砺予 . 邮票中的动物世界 [M]. 北京：中国青年出版社，1989.

[20] 李伯琴，姚振亚 . 邮票中的鸟类世界 [M]. 北京：中国青年出版社，1987.

[21] 朱祖威 . 中华世界邮票目录·亚洲卷 [[M]. 中华世界邮票目录·欧洲卷（上、下）[M]. 北京：人民邮电出版社，1998；中华世界邮票目录·美洲卷（上、下）[M]. 北京：人民邮电出版社，1999.

[22] 刘毅 . 世界分国地图集 [M]. 北京：中国地图出版社，2008.

[23] 范毅，周敏 . 世界地图集 [M]. 北京：中国地图出版社，2008.

[24] 斯科特标准邮票目录 2013 版 [M]. 美国：斯科特出版公司，2012.

[25] 狄超英，金柳 . 世界邮票铭记速查手册 [M]. 北京：人民邮电出版社，2002.

[26] 《世界動物切手図鑑》编集委员会 . 世界動物切手図鑑（1—8）[M].（株）日本邮趣協会出版，1986；《世界動物切手図鑑》（9）[M]. 追録，1990.

中国科普博览网 http://www.kepu.com.cn

北京科普之窗网 http://www.bjkp.gov.cn/bjkpzc

北京动物园网 http://www.bjzoo.com/

中国科学院动物研究所网 http://www.ioz.ac.cn

普克动物世界网 http://www.pupk.com/

Discovery 探索频道网 http://www.discoverychannel.com.cn

生物科学资料库网 http://www.comva.cn

中国基础教育网 http://www.cbe21.com

百度百科网：http://baike.baidu.com/

跋：我与邮票

Postscript: My Story of Stamp Collection

一、 一个小邮痴

1939年，为躲避日机的狂轰滥炸，我家从重庆市内搬到郊外的乡村——柏溪。1940年暑假，我八岁的时候，看到我的三个中学生哥哥在家里摆弄邮票，觉得挺好玩的，很是羡慕，就向他们讨要。他们给了我几枚邮票，我珍惜地夹在自己的一个小本子里。秋季开学，他们回沙坪坝南开中学住校，到寒假才能回家。于是，家里收到亲戚朋友的来信，信封上的邮票就归我了，我好高兴！二哥孙万来还教我怎样从信封上把邮票剪下来，泡在水里，洗干净后，晾干再压平。

集邮就这样开始了。剪洗邮票从此成为我的习惯和嗜好，一直持续到现在。

四哥顾诚于1942年考入中央大学化工系，一年级就在柏溪分校。他平时住在学校里，回家来时，他的同学谭叔婴、陈鄂、方复等也常来玩，他们时不时地送给我几枚邮票，甚至还有外国邮票。那时我就读于柏溪小学，即中央大学柏溪分校的附属小学。我曾把攒的邮票带给同桌同学吴亦松看，她也喜欢邮票，于是我们互相交换自己重复的邮票。当时，在我们这些小学生的心目中，大学生都应该是有邮票的。为了寻找邮票来源，我们一群小孩曾在放学之后，跑到大学部大操场旁的三岔路口去拦截大学生，向他们要邮票，不给邮票就不让通行。只有个别大学生身边带有几枚邮票，慷慨地拿出来交给我们。绝大多数大学生都说没有邮票，我们就要他们应允下次带邮票来，才放他们走。我们的这种拦截行为，不久就被哥哥顾诚严厉训斥和制止了。

1943年我考上了南开中学，平时住校，只有寒暑假回到家里才能玩邮票了。这时我有了一个贴邮票的笔记本，学会了当时最先进的贴邮票方法：用一个宽不到一厘米、长不超过两厘米的薄纸条，对折起来，在纸的外侧那一面抹上浆糊，然后将对折的一半纸条贴在本子上，另一半贴在邮票的背面。我就是用这样的方法，按国家分类，把一枚一枚积攒到的邮票，一枚一枚地陆续贴进本子里。

1945年8月初的一天，三哥孙万明把他的唯一的一个集邮本搁在我的手上，深情地对我说："小妹，我的全部邮票都送给你！"我受宠若惊，感觉十分突然。后来才知道，就在那之后的第三天，他就离开重庆投奔到解放区，参加了新四军，改名顾景高。

我的邮票无论是数量还是国别都增加得相当快，除了感谢三哥，还要感谢我的大姐孙少礼。她有许多新闻界的同事和朋友，能从外国记者那里为我要到邮票，例如，美国在第二次世界大战期间发行的邮票，等等。有一次她去塔斯社，把我也带去了，谈完公事后，就为我索要邮票。那位塔斯社社长非常热情，立即就找了几枚苏联邮票递给我，后来他还托大姐转送给我一批苏联卫国战争邮票。

记得是在初中三年级的一堂英语课上，陈琇老师给我们讲解怎样写英文信，并要我们每人随即在课堂上写一封短信，无论写给谁，无论写什么内容都行。我就给美国的罗斯福总统写了一封信，大意是：我是南开中学的学生，喜欢集邮。听说你也爱集邮，我希望能与你交换邮票。这是一封没有发出的信，只是一个课堂作业而已。不过由此可见我对集邮之痴迷。

到1946年暑假，在我的集邮本里，已有52个国家的邮票828枚，中国邮票有266枚。

二、一包老邮票

在重庆时父亲告诉我，他年轻时积攒过邮票。他是京师译学馆的第一届学生，主修俄文，1909年毕业后又考入京师大学堂的政法科。1912年中华民国成立，蔡元培任教育总长时，将京师大学堂改名为北京大学，父亲于1913年毕业于北京大学政法科法学门。以后他一直在铁路、交通部门工作，一辈子从事铁路规章制度研究，早年曾参与筹办巴塞罗那国际联合会交通大会、铁路技术太平洋会议以及交涉收回胶济铁路等，使他有机会攒到许多国家的邮票。他说这些邮票存放在北平老家，不知下落如何。

1932年7月我在北平出生，还不到半年就因父亲已去南京交通部工作而举家南迁，家里的许多东西，包括父亲的邮票都寄放在祖父母家里。抗日战争爆发后，1938年我们全家从南京逃难到重庆，北平早已沦陷，通信中断，老家有何遭遇也无从可知。直到抗战胜利以后，我们一家人于1946年分期分批离别重庆，我去了杭州，在浙大附中读书。父母亲回到北平的老家，我们的祖父母、伯父、姑母都去世了，只有一个堂姐和一家老街坊住在那里，家里的东西大都丢失或被变卖了，唯有存放在老家的一大堆书籍还安然无恙，而其中就有一包老邮票。父母亲为我高兴，特地给我写了一封信，告诉我这个好消息。

1947年秋，我回到北平老家，打开这包邮票一看，几乎全是我所没有的邮票，许多是19世纪末、20世纪初的外国邮票。我欢喜得又蹦又跳，那个高兴劲儿简直无法用语言形容！有两个本子正是我父亲用过的俄国贴邮票本，可惜他是用很原始的办法把邮票死死地贴在本子上或者卡片上。我数了一下，共有1 092枚（包括一些重复的），这使我的邮票数量顿然增加了一倍！

可是，我已不能像过去那样花费时间整理邮票了。因为1947年我在杭州参加了"五·二〇"反饥饿、反内战运动，当选为学校罢课行动委员会委员，刚到北平不久，就收到杭州同学寄来的于子三惨案的资料和照片。我在北平贝满女中积极投身到学生运动中，自1947年冬起，每个星期日到北大的一个读书会去学习社会发展史等革命理论。1948年4月我参加了"民主青年联盟"，10月加入中国共产党。作为一名无产阶级革命战士，需要全身心地投入革命工作，怎么还能玩弄邮票呢！不能，绝对不能！我非常自觉地把集邮的兴趣压抑至零，把集邮本收藏起来，把那包心爱的老邮票原封不动地藏进衣柜深处。我强迫自己不看邮票，不想邮票！努力忘记邮票！

1949年北平解放后，大姐从解放区给我带回一些边区的邮票，还特意为我找了一整套"晋冀鲁豫边区邮政"资料，都是极宝贵的。我也只是把它们收进抽屉里，没有时间欣赏。

三、"玩物丧志" "封资修反"

1952年初，作为清华大学理学院学生党支部的宣传委员，我参加了在教师中开展的思想改造运动，进行反帝爱国教育。在批判会上，有人把老教授们收藏字画、古玩说成是资产阶级思想表现，而有的老教授也很恳切地检讨说自己不应该"玩物丧志"等等。听到这些，我心中一怔，联想到我曾经那么爱好集邮，是否也是"玩物丧志"啊！我暗暗地庆幸自己早就把集邮抛到了九霄云外，否则我也至少得在支部会上作检讨。

大约是1956年，我在北大物理系当教师的时候，有一天我在东华门大街上偶然发现，"中国集邮公司"堂堂正正地坐落在路旁，便立即走进去看了一遭。玻璃柜里为集邮者准备着一套又一套的中国和苏联以及东欧一些国家的邮票，有新票，也有盖了戳的（当时我还不知道盖销票这回事），价格不贵，但我没有买，并不只是囊中羞涩，主要是因为我们青年教师正在响应中央的号召：向科学进军！深感时间极不够用，哪有可能再集邮呢！我走出集邮公司的大门，边走边想：1952年把集邮看成资产阶级行为是不对的，集邮就是一种正当的健康的有意义的活动，也是国家所提倡的一种国际文化交流方式。

我虽不再花费精力集邮，但也会找机会顺便积攒一点。比如，有时去看望姨父陈翰笙，在他书桌上看到有国外来信，就向他要信封上的邮票；大姐家里常有国际友人，特别是日本友人的来信，她总不忘把邮票剪下来留给我。

1966年，"文化大革命"风暴袭来，集邮公司关闭了，集邮成为"封、资、修"的产物。姨父和大姐都被扣上外国"特务"等帽子而隔离审查。

我的集邮本中有"大清帝国"邮票，有美国和许多资本主义国家的邮票，有不少"苏修"的邮票，还有很多"中华民国"时期的邮票，不仅有"封、资、修"还有"反"，四毒俱全！正上小学四年级的儿子指着本子上"蒋委员长六十寿辰"的邮票，焦急地对我说，这是要被当作"反革命"的！我心想：何止是"反革命"，简直就是"现行反革命"！这套邮票的来历是：1945 年 10 月 10 日，即"双十节"，哥哥顾诚在重庆沙坪坝邮局排队为我购买的，他还没有来得及交给我，就在 10 月 12 日被同屋同学在玩枪时走火击毙（即当年振憾山城的"顾诚惨案"）。他脸部中弹，血如泉涌，从他的上衣口袋里取出了这套沾满鲜血的邮票，交给我时，我失声痛哭不已。后来我把这套邮票展平，放进集邮本里作为纪念。二十来年时间过去了，那血迹已从红色退为浅褐色。但为了不当"反革命"，我用钢笔在邮票上一一划了叉。儿子十分着急地喊道：不行，不行，这还是要被当作反革命！划叉，的确无济于事。无奈我只好把这些邮票剪下来，用火柴点燃，看着它们燃为灰烬。

"文化大革命"初期，我爱人龚育之就成为被揪斗的"黑帮"，我们家很早就被抄了，我在北大的宿舍也被抄了，那时抄走的是一些被称为"四旧"的书籍，如《水浒传》《西游记》《石头记》《江湖奇侠传》等。我的邮票却幸免于难。

一个星期六的傍晚，我和孩子们等着育之（那时允许他星期六回家）回来吃晚饭。他一进门就对我说："等会儿又要来抄家，你看做点什么准备！"我立即想到了邮票和照片，邮票自不待说，照片如果拿去也会胡乱上纲，我在北大看到不少这样的情况。于是，我拎着一个大包就立刻骑车赶往我母亲家，我想母亲家不久前刚被抄了个底朝天，估计不会马上再抄。我把东西塞到了母亲的床底下，我认为这是最安全的地方，因为我那包老邮票，就用旧报纸包着放在我家的床下，同那些积满灰尘的旧鞋挤在一起，还始终没有人理会到它，幸好楼里没有老鼠咬它。

1969 年我们都下放劳动了。两年后回到家里，当我寻找邮票时，发现那一包"晋冀鲁豫边区邮政"不见了，解放区的邮票和清朝的龙票都不见了……十年动乱中这些邮票是如何丢失的，已不得而知，幸运的是，藏在床下的那包老邮票终于逃脱了劫难。

四、阿旭的惊喜

1978 年，经国务院批准，邮电部发出《关于恢复国内集邮业务问题的通知》，中国邮票总公司和各地邮票公司相继开业。1982 年中华全国集邮联合会宣告成立，并于 1983 年 11 月在美术馆举办了"中华全国集邮展览"，我去看了一次又一次，看到夏衍先生的一些成套的邮票，看到有把十二种动物邮票排在一起称之为"十二生肖"等，都使我大受启发。我一夜未眠，让自己过了一夜邮瘾，既欣赏从邮展买回的新邮票，也欣赏自己积存的旧邮票，心情十分兴奋。我做出两个决定：一是，应该名正言顺地把集邮作为我的业余爱好；二是，以后多集动物邮票。有人以为我喜欢动物呢，其实我并不喜欢，甚至很害怕动物，总是远离动物，只因心有余悸，怕再来政治运动时又要为人物邮票担惊受怕，不如干脆收集动物邮票，安全也省心，而且动物邮票确实也很好看，很逗人爱。

1998 年 4 月的一天，我接到一个陌生人的电话，他自我介绍说，是中央电视台的摄影记者，名叫阿旭，为纪念北京大学百年校庆，正在为一百位北大教授拍摄生活照，我是他的拍摄对象之一，所以要约我谈谈业余爱好并拍照。两天后，我们在北大见面了。当我告诉阿旭"我的业余爱好是集邮"时，他眼睛一亮，高兴地说："啊！我已找了七十多位教授，但爱好集邮，你还是我遇见的第一位，能给我看看你的邮票吗？"当然可以，但邮票在我家里，而我家住万寿路，离北大还很远。阿旭毫不犹疑地表示再远他也可以去。

好多年来，尤其是 1978 年以来，为弥补"文化大革命"造成的损失，工作极多、极忙，实在难以抽出时间玩弄邮票！为了不分散精力，我把这份"爱好"埋在心里，把邮票藏在壁柜里，只是零零星星地集攒邮票，偶尔欣赏一下罢了。这次要给阿旭看邮票，我才把存放邮票的箱子从壁柜搬了出来。就在那个下午，阴云密布，下起了罕见的大雨。我正在想，这样的鬼天气他大概不会来了，然而门铃响了，一开门果然就是阿旭。他是冒着大雨骑自行车来的，他的守约、准时和风雨无阻，使我颇为感动。

我挑出两个邮票本，一本是初中时代的老邮票，一本是近年陆续集攒的动物邮票，请阿旭欣赏。他看着看着，突然问我："今年是北京大学建校一百年，你有一百年前的邮票吗？"我随即就从一堆老邮票中找出两枚1898年的邮票，一枚是澳门的，一枚是南非的。阿旭看到这两枚邮票，蓦地跳了起来，口里喃喃喊道："神了，神了，真是神了！我是灵机一动随便问问，没有想到你这里真有一百年前的邮票！今天开眼了，居然看到了1898年的邮票！"

阿旭欣喜不已，当即决定，马上就拍我正在观看一枚1898年邮票的照片。为了拍照，我成为阿旭的"摆布"对象，他一会命令我拿着放大镜，低头看邮票，一会又让我手执邮票抬头观看。他则举着照相机，或上或下，或前或后，或左或右，试图通过放大镜拍到邮票的画面。他连续拍摄了好多好多，终于放下了相机，宣告拍摄结束。但愿阿旭能拍到他所满意的照片，以不枉这一下午的辛劳。

阿旭告辞时，我送他到楼门口，望着他骑车远去的背影，感叹他给我带来了一个非常奇妙的下午。当我收拾好邮票把它们重新放回壁柜时，仿佛觉得这邮票箱变得更加沉甸甸了。阿旭看到一百年前的邮票时的那种惊喜若狂的神态感染了我，让我获得了一种新的感觉，比过去更加领悟到了这些邮票的价值！我想或许还有一些人也会像阿旭一样喜欢欣赏这些邮票吧。的确，邮票是以独特的方式表现着人类的文化和生活，老邮票更是一种特殊的历史记载物，有着特殊的文化价值。

几天以后，阿旭打电话告诉我，当他找了近九十位北大教授时，又遇到一位集邮爱好者，是化学系的高小霞院士，她很希望能同我在集邮方面进行交流。我也为自己能在北大校园里结识一位新的邮友而感到高兴，我曾在心里策划，是邀请她到我家来，还是我带着邮票去拜访她？

万万没有想到，不多久就听说高小霞教授因发现癌症住医院了，只过了几个月，传来了她病逝的噩耗。我很难过，为我们还没有机会交流邮票而深感遗憾。高小霞教授的突然去世也深深地触动了我，虽然她比我年纪大，但我意识到自己也在日益走近人生的黄昏，还能有多少个明年或多少个明天呢？我应该抓紧时间整理邮票，那些让阿旭惊喜得跳了起来的邮票怎能老是像废纸一样沉睡在壁橱里呢！

五、《邮票动物园》

按照北大的规定，2000 年 8 月，我 68 岁时办了离休手续。然而实际上未"离"也未"休"，有一批研究生还没有毕业，有课题没有做完，又有新的课题刚批下来……我依然没法静下心来整理邮票。但我常常念叨这件事，加之阿旭在网上公布了他所拍的照片，我的集邮爱好逐渐为许多朋友所知晓。我还说过，等我退休以后，要搞一次动物邮票展览，供大家欣赏。这曾经是我所设想的一个目标。

2003 年，我看到上海科技教育出版社出版的《邮票上的数学》一书，很开眼界，使我萌生了这样的联想：这本书的作者借助于邮票讲述数学发展的历史，我是否可以模仿这本书的样式，用我积攒的动物邮票编一本"邮票上的动物"，讲述动物方面的常识呢！后来觉得这一目标太大了，世界各国发行的动物邮票数量极多，邮票上的动物类别也极多，相比之下，我的邮票只是"沧海一粟"！

我参观过好几个城市的动物园，有国家办的，有私人办的，规模有大有小，品种有多有少。我想，根据我的实际情况，还是办一个个人"邮票动物园"比较合适，品种不求齐全，只要有一定规模，能供人观看，引起人们的兴趣就行。我和朋友们谈起这个想法时，有人好心地劝我："算了吧，这不是你的专业，你的眼睛又不好，干起来太费劲了。"而大多数朋友赞同和支持我，认为这是一个别出心裁的构想，值得一做。于是乎，朋友们纷纷为我提供邮票，一些老同学把自己仅有的动物邮票都给了我，一些年轻朋友利用出国机会为我购回外国动物邮票，以至我的邮票从四面八方纷至沓来，源源不断。

2004 年，清华学长许孔时请他的弟弟许孔让介绍我参加了北京市老年集邮协会。许孔让是有经验的集邮专家，他给予我许多帮助和鼓励。我在每月一次的集邮活动（虽然未能都参加）中向邮友们学到了许多集邮知识，作为一名典型的落后的"传统集邮者"，总算有幸在 72 岁时跻身集邮者的行列。

2005 年 6 月，北大的秦克诚教授把他编著的《邮票上的物理学史》* 赠送给我。这是他花费了十几年功夫完成的一部巨著，既是物理专题的精美邮集，又是物理学史的上乘之作，书中包括了世界各国与物理有关的邮票 2 000 多枚。这部书令我衷心钦佩，立即写了一篇评介文章：《透过邮票看物理》**。

秦克诚得知我的想法后，鼓励我快些把《邮票动物园》一书编出来，但我苦于自己缺乏动物方面的知识而难以着手。我请北大生物系陈守良教授帮我在生物系教师中找一位集邮者与我合作，没有找到；又想在生物系学生中找一位集邮者，也没有找到。于是我打电话向年轻朋友朱效民求助，我知道他兴趣很广泛，又熟悉科普界人士。果然，他找到了毕业于内蒙古大学生物系、目前在科技馆工作的齐欣女士，她表示愿意合作。

2005 年 11 月 22 日，我和齐欣、朱效民三人在我家边看邮票，边商谈怎么来办这个《邮票动物园》。在这之前，我专程去看了北京动物园的布局，作为我们设计的参考。我们谈得很投机，立即拟定了计划，随之进入了工作：把我的动物邮票进行分类，对每一类动物写一篇说明。

到 2006 年秋，我们写出了 16 篇说明稿。老伴龚育之成为第一读者，他陆续看过 8 篇，觉得还有趣味，记得他说了一句："可能有些人就不知道蝙蝠是哺乳动物！"以前他常笑话我：只会剪邮票、洗邮票，永远像个小女孩玩邮票！这回他看我是干真格的了，他希望我们能够成功，但他认为必须请专家审稿。我也正在为此努力，当发现我购买的《动物生物学》一书的作者程红就是北大的教授时，赶紧请陈守良教授为我牵线。很快和程红教授联系上了，请她为我们的书稿从科学上把关。她很热心，认真审改了我们的第一批稿。她对我说：这样的书会引起人们的兴趣，不仅是青少年，对成年人也有可读性。

育之于 2006 年底住院后，再也未能出院。我陪伴、守护他，直到他离世。接着，我在哀痛中忙于各种善后事宜和他的几本文集的出版。在我无法顾及邮票

---

* 本书由清华大学出版社于 2005 年 5 月出版。
**2005 年 8 月 4 日刊登于《科学时报》。

的 2007 年，全靠齐欣、朱效民继续按计划写了 18 篇文稿。

2008 年 1 月起，我重新投入到整理邮票、写稿、改稿等工作中，几乎是全力以赴。为了节省眼力，我不读书、不看报、不看电视（除了地震灾情），以保证能戴着老花镜、拿着放大镜看邮票，能持续地在电脑上工作。奋斗了五个多月，我们三个人完成了全书 64 篇文稿。在许多朋友，特别是程红教授的帮助下，终于按期将书稿交给了上海科技教育出版社。

我们的心愿是，将此书作为一份对北京奥运会的献礼，同时也是为青少年朋友和中老年朋友提供一本知识性、趣味性和休闲性读物。

我的右眼因患眼疾失明以后，今年是左眼独自为我工作的第 25 年，我希望它能为我继续服务下去，让我有可能把《邮票动物园》*办得更加充实，更加完善。

孙小礼

2008 年 6 月 10 日

---

* 第一版由上海科技教育出版社于 2008 年 9 月出版。